꿈을
읽다

꿈을 읽다

꿈에 대한 궁금하고 쓸모 있는 이야기

김정희, 이호형 공저

꿈을 제대로 읽으면

우리는 어디에서 와서

누구이고, 또 여긴 어디쯤이며,

앞으로 어디로 가게 될지

알 수 있을지도……!

꿈은 우리 자신을
진솔하게 보여준다

◆✕◆✕✕◆

자면서 꿈을 꾸는 것은 사람들이 살면서 경험할 수 있는 보편적인 현상 가운데 하나이다. 사람들은 꿈에 대해 나름대로 어떤 생각을 가지고 살아간다. 이를 크게 세 부류로 분류할 수 있을 것이다. 아무런 의미가 없다고 꿈을 무시해 버리거나 꿈에 무관심한 사람, 특별한 꿈은 앞날의 길흉을 미리 알려준다고 생각하면서 그런 꿈을 꾸었을 때만 꿈에 관심을 가지고 해석하려는 사람, 그리고 꿈의 중요성을 알고 꿈을 기록하고 그 의미를 해석하면서 살아가는 소수의 전문가들이다. 꿈이 보편적인 현상인데도 꿈에 대한 전문가의 연구 결과가 일반인들에게 아직 많이 알려지지 않았다. 이 때문에 비록 꿈에 관심이 있는 사람이라고 하더라도 꿈을 제대로 이해하는 것은 쉽지 않다.

저자들 역시 꿈에 대해 공부해서 해석하는 법을 익히기까지는 정서를 고양시킨 특별한 꿈에만 관심을 가졌고, 그것이 다가오는 일과 관련하여 길조인지 흉조인지를 궁금해 하면서 의미를 짐작하곤 했다. 그러다 아무런 일 없이 지나가면 '아, 역시 꿈이었구나!' 하면서 잊고 지나가곤 했다. 꿈을 합리적으로 해석하는 방법을 알지 못했던 우리로서는 달리 어떻게 의미를 알 수 있는 방법이 없었기 때문이다.

꿈의 의미와 해석 방법을 익혀가면서 우리는 꿈이 자신의 진솔한 모습을 보여주는 소중하고 유용한 도구임을 깨달았다. 그 이후로 우리는 우리 자신이 변하는 만큼 꿈의 내용도 변하고, 꿈이 변한 만큼 우리도 달라진다는 것을 경험하며 살고 있다. 특별히 반복적으로 꾸는 꿈의 경우 - 예를 들어 군대 갔다 온 남자들의 경우 다시 군에 입대하는 꿈, 시험을 보는데 제대로 시험을 치를 수 없는 꿈, 괴물이나 사람들에게 쫓기는 꿈 등 - 단순히 꿈의 내용을 꾸준히 기록하고 무슨 의미일까를 음미하는 것만으로도 변화가 일어나는 것을 알게 되었다.

● 누구나 쉽게 꿈을 읽을 수 있는
   방법을 소개하고자

이 책을 통해서 우리는 심리학에 관한 전문적인 지식이 없는 일반 독자들도 꿈을 합리적으로 이해할 수 있도록 꿈에 관한 다양한 내용을 소개하고자 한다. 이를 위해 우리는 꿈과 관련된 여러 가지 궁금증, 고대인과 현대 심리학이 말하는 꿈의 이해, 그리고 다양한 꿈의 사례를 소개한다. 모쪼록 이 책을 통해 꿈의 의미와 꿈의 역할에 대해 쉽게 이해하고, 꿈을 소중하게 여기며, 꿈을 통해 자신을 이해하고 성장하는 계기가 되기를 바란다.

그리고 이 책이 나오기까지 도와준 많은 분들에게 이 자리를 빌려 고마움을 전하고자 한다. 먼저 우리의 '꿈 만남집단'에 참여하여 꿈을 나누고 자신의 삶을 나눈 모든 집단원들에게 감사드린다. 이 모임을 통하여 우리는 꿈이 얼마나 귀중한지를 새롭게 알게 되었으며, 꿈을 통한 만남이 얼마나 진솔한 것인지를 경험했다.

다음으로 이 책을 위해 자신의 꿈을 사용하도록 허락해준 집단원들, 그리고 개인상담 내담자 여러분께 더욱 감사한 마음을 전한다. 이 분들의 사적인 정보에 대해서는 꿈의 내용과 맥락에 손상이 되지 않는 범위 내에서 수정했다는 것을 밝혀둔다.

마지막으로 이 책의 원고를 보고 흔쾌히 출판을 허락하시고, 열정적으로 책을 만들어주신 〈책읽는 귀족〉의 조선우 대표님께도 깊은 감사를 전한다.

2017년 12월, 아차산로에서
김정희, 이호형

Contents

머리말 꿈은 우리 자신을 진솔하게 보여준다　005

우리가 꾼 꿈과 다른 사람들의
꿈을 해석하는 훈련을 하면서 꿈에 대
한 이해와 해석 방법을 더 많은 사람들과 함
께 나누고 싶다는 생각을 했다. 이에 우리는 꿈
에 대한 책을 쓰기로 결심하고, 2년여에 걸친 작
업 끝에 이 책을 완성했다.
이 책에서는 심리학에 관한 전문적인 지식이 없는
일반인들도 꿈에 대한 이해를 새롭게 할 수 있도록
꿈에 관한 다양한 내용을 소개하기로 했다. 다양
한 꿈의 사례를 소개하여 일반인들이 쉽게 꿈
을 이해하고, 자신의 꿈을 읽을 수 있도록
했다. 자신의 '꿈을 읽는다'는 것은 곧
자기 자신을 읽는다는 의미다.

Part 1
꿈을 새롭게
읽다

HOW TO READ A DREAM

꿈에 본
세 개의 황금 사과에
얽힌 비밀

지금까지 살아오는 동안 많은 꿈을 꾸었다. 내가 잊지 못하는 꿈 가운데 하나는 대학시절에 꾼 꿈이다. 1975년으로 기억하는데 그 당시 나는 대학 졸업반이었고, 한 여학생을 굉장히 좋아하고 있었다. 그 여학생을 만났을 무렵 나는 종교 활동에 미쳐 부모님의 만류에도 불구하고 학교도 집어치우다시피 하고 있었다. 학생 본연의 학업은 외면한 채 종교 활동에만 심취하여 시간을 보냈기 때문에 주위의 모든 사람들로부터 고립되어 외롭게 지내던 처지였다.

그때 만난 그 여학생이 나를 이해해 주었기에 나는 무척이나 그 여학생을 좋아했고, 앞으로 그 여학생과 결혼하게 되려니 하고 믿었다. 그러나 불행하게도 현실은 내가 바라는 대로 진행되지 않았고, 그 여학생은 자꾸만 내게서 멀어져 갔다. 그 상황에서 신앙인인 나는 아주 간절한 마음으로 기도를 했다. 그러던 어느 날 밤에 다음과 같은 꿈을 꾸었다.

꿈에서 나는 최상급의 탐스런
금 사과 세 개가
올려져 있는 쟁반을 받는다.

이 한 장면이 내가 기억하는 첫 번째로 중요한 꿈의 전부이다. 꿈이 너무 선명하고 '금 사과 세 개'라는 내용이 너무 좋아서 그 의미를 자세히 알려고도 하지 않은 채, 내 식으로 막연히 앞으로 그 여학생하고 일이 잘되는 것을 보여주는 꿈이라고 굳게 믿었다. 사실 꿈을 어떻게 해석해야 하는지 모르고 있던 나로서는 달리 해석할 수 있는 무슨 방법이 있었던 것도 아니었다.

그러나 나의 꿈 이해와는 반대로 그 여학생과 헤어지고 말았다. 나로서는 여간 괴롭고 슬픈 일이 아니었다. 그리고 그 꿈을 생각하면 더더욱 이해할 수 없었다. 그런 좋은 꿈이 아무런 의미도 없다는 것을 믿을 수 없었기 때문이다. 그렇게나 선명하고 좋은 내용의 꿈이 어떻게 아무런 결과를 내지 않을 수 있다는 말인가? 나로서는 도무지 이해가 되질 않았다.

처음에는 그 여학생과 헤어지게 된 사실과 함께 그런 좋은 꿈도 아무것도 아니었다는 생각에 크게 실망했다. 그러면서도 한동안 그 꿈을 잊지 못하고 그 꿈에 대해 여러 가지로 생각을 했다. 이렇게 좋은 꿈을 꾸었는데, 왜 이루어지지 않는 것일까? 그렇다면 도대체 이 꿈의 의미는 무엇일까? 아무리 생각을 해봐도 꿈을 해석하는 방법을 배우지 않았던 나로서는 달리 그 꿈의 의미를 이해할 길이 없었다. 시간이 흘러 나는 대학을 졸업하고 입대하여 군 생활을 했으며, 그 여학생도, 그리고 그 꿈도 잊혀져갔다.

⦿ 꿈이 이루어지는 시점을 알려주는 꿈 속 숫자 '3'

그러던 어느 날, 군 복무를 하면서 제대를 3, 4개월 남겨 둔 1978년 5월의 어느 날이었다. 벙커 입구를 지키는 초소에서 보초를 서면서 이 생각, 저 생각을 하고 있는 중에 갑자기 내가 1975년 대학생 시절에 꾸었던 꿈과 동시에 그 꿈의 의미가 저절로 머릿속에 해석이 되어 떠올랐다.

사실 나는 군에 들어온 이래로 그 꿈에 대해서 생각하지 않았다. 그런데도 3년이 지난 어느 날, 전혀 예기치도 않은 상황에서 그 꿈과 더불어 해석이 마음속에 저절로 생겨난 것이다. 그때 얻은 꿈의 해석은 이러했다. 꿈에 본 사과 세 개는 3년을 가리키는데, 이는 곧 3년 후에 결혼할 여인을 만나게 되리라는 것이었다. 처음에는 무엇이 어떻게 되어 이런 해석을 하게 되었는지 나로서는 전혀 알 수 없었다. 다만, 그렇게 해석되었다는 사실을 그대로 받아들였을 뿐이다.

나는 재빨리 햇수를 세어보았다. 꿈의 의미를 알게 된 시점은 그 꿈을 꾼 시점에서 3년이 거의 다되어가는 때였으며, 내가 제대를 하면 딱 만 3년이 된다. 이런 사실을 알고 나는 혼자 속으로 생각했다.

'아, 내가 제대하면 곧 결혼할 여자를 만나게 되겠구나.'

이렇게 속으로 혼자 좋아하면서 제대할 날짜만 손꼽아 기다리고 있었는데, 정작 내 아내를 만난 것은 제대 후가 아니라 그 꿈의 의미를 이해하고 난 지 얼마 되지 않아 군에서 말년을 보내는 동안이었다. 그리고 3년 뒤 가을 어느 날, 그 여인과 결혼하여 알콩달콩 살아온 세월이 벌써 36년이 된다.

꿈은 이처럼 자신의 미래를 보여주기도 한다. 다만, 우리가 제대로 해석하는 방법을 모르기 때문에 개꿈이라거나, 꿈이 맞지 않다고 할 따름이다. 그리고 꿈속 숫자를 상징하는 의미에도 집중할 필요가 있다. 때로는 그것이 꿈의 결과를 보여주는 열쇠이기 때문이다.

처음에 내게
꿈이란 '하찮은' 대상

◆❖◆❖◆

앞에서 이야기한 황금 사과 세 개의 꿈을 꾸고 난 후, 꿈의 내용이 누가 봐도 좋았기 때문에 뭔가 소중한 의미가 있을 것이라고 막연히 생각했다. 과연 내 생각대로 이 꿈은 내게 아주 크나큰 의미가 있었다. 그러나 이 꿈이 나의 장래에 관한 비밀을 담고 있는 꿈인 것을 알게 된 건 앞에서도 말했지만, 3년이 지나서였다. 어느 날 우연히 계시처럼 그 꿈의 의미가 내게 주어지기 전까지 그 의미를 나는 결코 알 수 없었다. 그때까지 나는 꿈을 해석하는 데 큰 관심이 있지 않았고, 꿈을 훈련하는 연습조차 전혀 하지 않았기 때문이다.

그래서 3년이 지나서야 그 꿈의 의미를 알아차린 것이다. 내 인생에 소중한 의미를 지닌 꿈이라는 사실조차도 내가 의식적으로 학문적으로 탐구하거나 해몽가에게 물어서 알게 된 것이 아니라, 한순간에 주어졌다. 그 후 나는 '의미 있는 꿈은 분명하고 뚜렷하구나. 그리고 그 꿈이 중요한 것이라면 의미는 저절로 알게 되는구나' 하는 소박한 생각을 하게 되었다.

그때까지 살아오면서 왜 꿈을 꾸지 않았겠는가? 지금 생각해 보아도 참 많은 꿈을 꾸었다. 그 가운데는 단골로 꾸는 꿈도 있었다. 시골에서 초등학교를 다닐 적에는 주로 아이들과 학교 갔다 오다가 무서운 사람에게 쫓겨 도망가는 꿈을 자주 꾸었다. 다들 도망을 잘 가는데, 나는 아무리 도망치려 해도 꿈쩍도 못하다가 잡히려는 순간 놀라 꿈에서 깨어나곤 하던 생각이 난다.

어린 시절에 자주 꾼 다른 꿈은 오줌을 누는 것과 관련된 것이었다. 나는 초등학교 늦게까지 자다가 오줌을 싸는 버릇이 있었는데, 그럴 때마다 거의 매번 다음과 같은 꿈을 꾸었다. 꿈에서 친구들과 열심히 놀다가 오줌이 마려워 적당한 장소를 찾아 오줌을 누게 된다. 그렇게 시원하게 오줌을 누는데, 얼마 있지 않아 현실에서 아랫도리 부근이 축축해지는 것을 느끼는 순간 정신이 들면서 '아차, 내가 또 실례를 했구나!' 하면서 깨어나곤 했다.

● 내게 중요한 꿈도
  그저 스쳐지나갔던 시절

성인이 되어 군복무를 마친 후에는 군대에 다시 가는 꿈을 자주 꾸었다. 꿈에서 나는 군대에 또 입대한다. 그러다가 가만히 생각을 해보니, 나는 이미 현역으로 복무를 끝낸 것을 알게 된다. 그리고는 억울하고 원통한 마음에 '세상에 두 번씩이나 군에 입대하는 법이 어디 있느냐?'고 혼자서 안달복달하면서 어쩔 줄 몰라 한다. 그렇게 한참 동안 혼자서 분통을 터뜨리다가 어느 순간에 '아, 이건 꿈이지. 꿈이야!'라고 안도하며 깨곤 했다.

이 외에도 많은 꿈을 꾸었으나, 무슨 의미인지 도무지 알 길이 없었다. 그래서 나는 생각하기를 앞에서 예를 든 것과 같은 그런 몇몇 예외적인 경우를 제외하고 '거의 모든 꿈은 별 의미가 없기 때문에 무시한다'는 입장을 취했다. 예외적인 경우란 위의 꿈처럼 모든 인간들이 살아가는 동안 일생에 몇 번, 중요한 시점에서 꾸는 의미 있는 꿈을 말하는 것이며, 그 내용은 주로 앞날을 보여주는 예시적인 것이라고 생각했다. 그리고 그 의미는 때가 되면 자연스럽게 알게 된다는 소박한 생각을 고수하면서 살았다.

비록 위에서 예를 든 것과 같은 중요한 꿈을 꾸었으나, 꿈 일반에 대한 나의 생각은 부정적이었다. 이는 꿈을 중시하지 않는 집안의 분위기, 그리고 합리성과 이성을 중시하는 나의 성향 때문이었다. 본격적으로 신학 공부를 시작한 이래로 나는 철저히 인간의 이성을 중시했다. 무엇이든지 이성적이고 논리적으로 이해할 수 있어야 했고, 그렇지 않은 것은 별 의미가 없다고 생각했다.

이렇게 인간의 지적인 능력을 바탕으로 한 합리적 사고와 인간 스스로의 노력을 중요시하던 나에게 꿈이란 전혀 믿을만한 것이 아니었다. 꿈이란 도무지 이해할 수 없는 조잡하고 비논리적인 형상과 내용으로 이루어졌기 때문이다. 그때까지 꿈을 합리적이고 이성적인 방법으로 해석할 수 있다는 것, 그리고 꿈은 자신의 이해를 위해 소중하다는 말을 한 번도 들어 본 적이 없는 나로서는 꿈을 부정적으로 생각한 것이 당연한 일이었다.

꿈에 대한
인식의 전환

◆❌◆❌◆

꿈에 대한 인식의 전환은 내게 일어난 예상치 못한 심리적 경험을 통해서 이루어지기 시작했다. 2001년 8월 말쯤, 우리 부부는 아들을 미국에 있는 대학교에 입학시키기 위해 함께 미국을 방문했다. 아들과 며칠 동안 함께 시간을 보내고 아들을 학교 기숙사로 데려다주기 바로 전날 밤, 우리는 미시간 주 북단에 있는 어느 모텔에 여정을 풀었다. 아들이 먼저 샤워를 하러 들어간 사이에 아내는 화장을 지우고 있었다. 그리고 나는 침대에 누워 '이제 내일이면 아들을 혼자 남겨두고 떠나는구나!'라는 생각을 하면서 아들이 샤워를 끝내고 나오기를 기다리고 있었다.

그렇게 아들과의 이별을 생각하고 있던 어느 순간, 갑자기 내 아랫배 밑에서부터 설움이 왈칵 밀려오면서 순식간에 울음이 터져 나왔다. 너무나 강렬하게 몰려오는 감정인지라 도저히 통제할 수가 없었다. 그래서 나는 온몸으로 어린아이처럼 흐느껴 울기 시작했다. 그때 내게 떠오른 기억은 초등학교 5학년을 마치고, 시골 고향집을 떠나 아버지 손에 이끌려 서울에 있는 외갓집으로 가기 위해 엄마와 떨어지던 순간의 일이었다.

그렇게 엄마와 떨어져 서울에 있으면서 얼마나 엄마를 보고 싶어 했던지……. 시도 때도 없이 엄마에 대한 그리움과 함께 솟아 올라오는 눈물과 설움을 나 홀로 삭이고, 또 삭였다. 그때 그렇게 내가 다 삭였다고 생각했던 그 설움과 눈물이 그대로 내 안에 숨어 있다가 근 40년이 지난 다음에도 밀려 올라왔던 것이다. 그래서 쉰을 바라보는 내가 어린아이처럼 도무지 주체할 수 없이 흐느껴 울도록 만들었다!

이런 내 모습을 보고 화장을 지우던 아내가 깜짝 놀라 무슨 일이냐고 내게로 와서 물었다. 나는 흐느껴 울면서 이유를 설명했다. 그러자 아내도 나를 이해하고는 엎드려서 울고 있는 내 등을 부드럽게 어루만져주었다. 어찌나 설움이 밀려오던지, 나는 한동안 그렇게 침대에 엎드려 흐느껴 울었다.

그것은 너무나 뜻밖의 사건이었고, 내가 전혀 예상치도, 생각지도 못한 일이었다. 40년이라는 긴 세월이 지났는데도, 마치 그날 엄마와 헤어진 아이인양 생생하게 감정이 그대로 살아서 올라왔던 것이다. 이렇게 엄청난 설움의 감정을 내 마음에 그리고 내 몸에 지니고 살아왔다니 도무지 이해할 수도 없었고 믿을 수도 없는 노릇이었다.

이 한 번의 경험은 그때까지 내가 해오던 영성 훈련을 새롭게 평가하게 했고, 나아가 이전과는 전혀 다른 새로운 방법으로 성숙한 인간으로 살기 위한 훈련을 시작하게 한 계기가 되었다.

● 꿈은 '이미지 언어'로 말한다

이 경험을 한 이후부터 나는 책을 통해 심리학과 정신분석이론을 공부하면서 내 몸과 행동, 그리고 사고와 정서에 살아 있으면서 나를 지배하여 힘들게 하는 문제들을 하나씩 알아차리기 시작했다. 또한 내가 통제할 수 없는 정서작용의 원인을 탐색하여 거기서부터 벗어나는 훈련에 들어갔다. 집단상담에 참석하기도 하고, 내 주위 전문가들의 도움을 얻기도 하면서 철저히 나를 만나고 알아가는 작업을 했다.

심리학과 정신역동이론 관련 저서를 통해 자신을 알아가는 과정에서 자연히 꿈에 대한 정신역동 이론도 접하게 되었다. 이 과정에서 꿈에 대한 내 생각도 서서히 바뀌기 시작했다. 그 결과 지금까지 나는 꿈을 꾸었으나, 그 꿈의 의미와 기능을 몰라서 꿈을 유익한 것으로 활용할 수가 없었다는 사실을 알았다. 내가 체계적으로 공부하여 꿈의 의미와 기능을 알기만 한다면 꿈 역시 의미를 지니고 있으며, 내 삶을 위해 중요한 역할을 할 것이라고 생각했다.

그리하여 그동안 경시했던 꿈에 대해 새로운 관심을 가지고 내가 꾼 꿈을 지켜보면서 기록하기 시작했다. 아울러 꿈을 꾸고 나서 꿈에 대해 아내와 대화를 나누면서 꿈의 의미를 이해하려고 시도를 했다. 그렇지만 처음에는 꿈을 해석하는 일이 내겐 그리 쉽지 않았다.

반면에 내 아내의 경우는 상담전문가가 되기 위해 개인 분석을 받았다. 종종 꿈을 자료로 하여 아내는 상담을 받았기 때문에 꿈 해석에 대해선 나보다는 이미 더 많은 지식이 있었다. 그렇지만 이때까지는 꿈 해석에 전력을 다하지 않았기에 가끔 우리가 꾼 꿈을 해석하기도 했으나, 해석을 하지 못한 채 탐색만 하다가 그냥 넘어간 경우가 더 많았다.

이렇게 꿈을 해석하려는 과정에서 우리는 꿈이란 우리가 일상에서 사용하는 사고 논리와는 다른 꿈만의 특수한 논리로 이루어진 '이미지 언어'라는 사실을 알게 되었으며, 이 특별한 언어를 이해하기 위해서는 따로 공부를 해야 한다는 결론에 이르게 되었다. 그때부터 우리는 본격적으로 꿈과 꿈 해석에 관한 다양한 방법론을 체계적으로 공부하기 시작했다. 그러면서 우리에게 가장 적합한 방법을 찾아 그 것을 우리가 꾼 꿈에 적용해나갔다.

이처럼 꿈을 제대로 이해하기 시작하면서 놀라운 사실을 발견하게 되었는데, 우리가 꿈을 꾸고 해석할 수 있었던 모든 꿈들이 우리에게 유익한 의미를 전달해 주고 있다는 사실이었다. 우리가 꾼 모든 꿈을 다 해석할 수는 없었지만, 우리가 의미를 해석한 꿈은 어느 것 하나 버릴 것이 없었다. 이 사실을 통해 우리는 모든 꿈이 우리에게 필요한 의미를 전달한다는 사실을 확신하게 되었다. 그리고 이 꿈을 어떻게 이용하는가는 전적으로 꿈을 꾼 사람에게 달렸다는 것을 알게 되었다.

꿈의 문이 열리다

◆×◆×◆

꿈에 대해 본격적으로 공부하기 시작하면서 꿈과 수면의 관련성에 대해 기본적인 이해가 필요하다는 것을 알게 되었다. 인간의 삶에 큰 부분을 차지하는 수면의 본질을 이해하기 위한 학자들의 노력은 오랫동안 계속되어 왔다.

그리하여 20세기 초에 이르기까지 수면의 형태가 변한다는 것과 자율 신경계의 주기에 관하여 단편적인 지식이 조금씩 축적되어 왔다. 이 지식들을 하나로 연결시켜 수면에 대한 전체적인 이해를 제공해줄 개념적인 열쇠를 발견한다면 잠의 실체를 좀 더 구체적으로 파악할 수 있으리라는 희망을 가지고 학자들은 연구를 계속했다. 이 개념적인 열쇠가 바로 렘(REM)수면이고, 미국 시카고 대학교의 한 교수의 실험실에서 그 발견은 이루어졌다.

시카고 대학교의 나다니엘 클라이트만 교수는 여러 해 동안 인간에게서 잠을 박탈했을 때 일어나는 변화를 통해 수면의 본질에 관한 연구를 계속해왔다. 한편, 그가 지도하는 학생 중 하나인 유진 아제린스키는 아동의 주의력에 관한 연구를 수행하고 있었다.

그런데 아제린스키가 자신의 연구 프로젝트를 위해 자료를 수집하던 어느 날이었다. 어린이들이 주의력을 잃어버리고 잠에 빠져 들 때마다 그들의 눈동자가 눈꺼풀 밑에서 아주 빨리 움직이고 있다는 사실을 목격했다. 던진 물건이 날아가듯이 빠르게 움직이는 눈동자의 운동은 수면 연구자들이 오래 전부터 알고 있던 현상과는 완전히 다른 것이었다. 그때까지 그들이 관찰해서 알고 있던 바에 의하면, 성인들이 잠에 빠져들 때 그들의 눈동자는 천천히 구르듯이 움직인다는 것이었다.

아제린스키는 그가 관찰한 것을 지도교수인 클라이트만에게 보고했고, 이후 그들은 더욱 세심하게 어린아이의 눈동자 움직임을 지켜보았다. 그 결과, 어린이들이 잠에 빠져들 때 눈동자의 움직임은 사람들이 깨어 활동할 때 눈동자의 움직임과 아주 흡사하다는 사실을 발견했다. 계속된 관찰을 통해 그들은 아이뿐만 아니라, 어른들도 잠을 자다가 주기적으로 눈동자를 빠르게 움직인다는 사실을 알게 되었다.

● 인간의 뇌는 잠을 자는 중에도
   활동을 한다

아제린스키와 클라이트만은 인간이 잠을 자는 동안 눈동자를 움직이는 이유를 설명하기 위해, 하나의 가설을 세우고 실험을 계속했다. 다름 아니라 잠자는 동안 내적인 형상이나 시각적 사건을 보기 때문이라는 가설이었다. 그들은 실험 대상자들이 이런 눈동자의 움직임을 보이는 수면에 이르게 되었을 때 깨워서 꿈을 꾸었는지를 물어보았다. 27명의 실험 대상자 가운데 20명이 꿈에 대해서 자세하게 이야기를 해주었다. 더 나아가 그들은 이 기간과 꿈과의 연관성을 알아보기 위해 빠른 눈동자의 움직임이 나타나지 않는 수면에 있는 사람들을 깨워 같은 질문을 했다. 23명의 실험 대상자 가운데 4명만이 꿈을 꾸었다고 보고하고, 나머지 사람들은 꿈을 꾸지 않았다고 했다.

이렇게 스승과 제자는 잠자는 동안 사람들에게 일어나는 생리적인 변화를 알아보기 위해 뇌파와 심장박동을 검사하고, 호흡을 관찰했다. 그 결과 눈동자가 빨리 움직이는 수면 기간 동안에는 호흡이 불규칙적이 되며, 심장 박동이 조금 빨라지며, 뇌파의 모양도 달라지는 등 생리적 변화를 동반한다는 사실을 발견했다.

아제린스키가 박사 과정을 끝내고 클라이트만의 실험실을 떠난 후, 윌리엄 디멘트라는 새로운 학생이 들어왔다. 그가 바로 스승과 자신의 선배가 발견한 수면에 렘(REM), 즉 '빠른 눈동자 움직임(Rapid

Eye Movement)'이라는 의미의 이름을 붙인 사람이다. 자연스럽게 이 수면에 속하지 않는 잠을 비렘(N-REM, Non-Rapid Eye Movement) 수면이라고 불렀는데, 우리말로는 '조용한 수면'이라 부르기도 한다.

아제린스키와 클라이트만의 연구 결과 가운데 가장 중요한 것은 다음과 같다. 즉, 사람의 뇌는 잠에 빠져들면서 활동을 중단했다가, 아침에 일어나면서 다시 활동을 재개하는 것이 아니라는 사실이다. 인간의 뇌는 잠을 자는 동안에도 규칙적으로 활동하며, 때로는 깨어 있을 때보다 더 활동적이 된다.

이로써 인간의 의식은 잠을 자는 동안에도 어떤 형태로든 깨어 있으면서 활동을 한다는 주장이 과학적으로 입증되었다. 또 렘수면은 꿈을 꾸는 작용과도 깊은 연관성이 있다는 사실이 입증되었다. 나아가 그들은 이 기간 동안에 꾸었다고 보고한 꿈의 내용을 분석한 결과, 생생한 시각적 형상이 포함된 것을 알게 되었다. 이를 근거로 잠을 자면서 눈동자를 빨리 움직이는 현상은 꿈속에 나오는 시각적 형상과 직접적으로 연결되었을 가능성이 아주 높다고 결론을 내렸다.[01]

---

01 Bulkeley, K. (1997). An Introduction to the Psychology of Dreaming. Westport: Praeger Publishers. 53.

'수면의 주기'를 읽다

◆✕◆✕◆

디멘트가 처음 수면에 관심이 생긴 이유는 꿈과 정신질환 사이에 어떤 관련이 있는지를 밝히기 위함이었다. 그는 렘(REM)수면이 그가 풀려고 하는 문제에 어떤 실마리를 제공해 주리라는 기대를 가지고 연구를 진행했다. 그 결과, 수면의 주기를 밝혀낼 수 있었다.

디멘트는 그의 스승인 클라이트만과 함께 실험 대상자들을 상대로 그들이 처음 잠에 들기 시작했을 때부터 아침에 일어날 때까지의 전체 수면 기간을 관찰했다. 그 결과 모든 실험대상자들에게서 렘수면은 90분마다 주기적으로 일어나고 있다는 사실과, 잠에 든 시간이 길어짐에 따라 렘수면이 조금씩 길어진다는 사실을 발견했다.

렘수면의 길이와 꿈의 지속 관계를 더 자세하게 알기 위해 실험 대상자들을 렘수면이 시작된 지 5분 후 또는 15분 후에 깨워 그들이 얼마나 오랫동안 꿈을 꾸었는지 물어보았다. 그들은 렘수면이 길어짐에 따라 더 긴 꿈 이야기를 보고했다.

이를 근거로 렘수면이 꿈과 깊은 연관이 있음을 간접적으로 확인할 수 있었다. 또 렘수면은 잠에 들자마자 곧바로 시작되는 것이 아니라는 사실을 확인했다. 한편, 막 잠에 빠져들기 시작한 실험 대상자들을 깨우자 그들은 실제 꿈에서 보는 것과는 다른 형상들, 곧 떠다니거나 표류하는 형상, 반짝이는 빛과 같은 형상 등이 나타났다고 이야기했다.

● 잠의 종류에는
  렘수면과 비렘수면이 있다

한편, 렘수면의 발견을 보고하는 논문이 발표된 이후 잠에 대해 관심을 가진 여러 학자들이 이를 근거로 잠의 현상을 더욱 철저히 규명하려는 연구를 진행했다. 그들은 성인이 정상적인 상황에서 잠을 자게 될 때 4단계로 이루어진 비렘(N-REM)수면과 렘(REM)수면을 반복하면서 잠을 잔다는 사실을 발견했다.

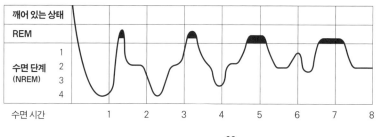

그림 : 수면의 주기 변화[02]

위의 그림에 나타나 있는 것처럼 잠이 들면 비렘수면의 1단계로 내려가기 시작해서 2단계, 3단계, 그리고 4단계까지 차례로 내려간다. 단계를 내려갈 때마다 더 깊은 잠에 빠지게 되며 의식은 외부환경으로부터 더 멀어지게 된다. 그러므로 더 깊은 수면에 들어갈수록 깨우기 위해서는 더 강한 자극을 주어야 한다.

잠에 빠져들기 시작한 때로부터 (처음부터 4단계에 도달하기까지 약 40분 정도 걸린다) 약 1시간 정도의 시간이 지나면 사람들은 4단계에서부터 다시금 거꾸로 단계를 거슬러 올라오기 시작해서 1단계에 도달한다. 수면을 시작해서 이 단계에 이르기까지 약 90분 정도가 걸리는데, 바로 그 시점에서 첫 번째 렘수면이 시작된다. 첫 번째 렘수면은 약 10분 정도로 짧게 끝이 나고, 다시금 비렘수면인 더 깊은 단계로 내려간다.

02　Van de Castle, R. L. (1994). Our Dreaming Mind. New York: Ballantine Books. 233. 참조.

이렇게 하여 약 90분을 주기로 렘수면이 나타나게 되는데, 한 주기를 거치는 동안 매번 비렘수면의 4단계까지 내려가는 것을 반복하는 것은 아니다. 4단계는 처음 잠들었을 때와 첫 번째 렘수면이 끝난 다음 비렘수면으로 내려갈 때에만 나타난다. 그 다음부터는 주로 비렘수면의 2단계와 렘수면을 반복하는 것으로 나타났다.

● 성인은 보통 하룻밤에 4번 내지 6번의 렘수면을 경험한다

성인이 하루 6시간에서 9시간 정도의 잠을 잔다고 할 때, 4번 내지 6번의 렘수면을 경험하며, 하룻밤 잠을 자는 동안 렘수면으로 자는 시간은 1시간 30분에서 2시간 정도가 된다.

한편, 잠자는 시간이 길어질수록 렘수면의 시간은 점점 더 길어지는데, 깨어나기 바로 전에 경험하는 렘수면의 길이는 45분에서 길게는 한 시간까지 계속된다. 또 시간이 흐를수록 비렘수면의 단계는 점점 더 얕아져서 주위의 반응에 쉽게 깨어나게 된다.

수면을 이해하려는 학자들의 관심은 계속 확대되어, 다양한 대상을 상대로 실험을 했다. 유아인 경우 50% 이상의 잠을 렘수면이 차지하다가, 성장해가면서 점점 그 비중이 줄어든다는 사실을 밝혀냈다. 그들은 또 동물실험을 통하여 포유류 역시 인간과 같은 수면 주기가 있다는 사실과, 새끼 동물들의 경우 거의 대부분을 렘수면으로 잠을 잔다는 사실을 알게 되었다.

이밖에도 수면과 관련해서 알게 된 특이한 사실은 렘수면이나 비렘수면이 박탈될 경우, 다음 수면에서 빼앗긴 종류의 수면 시간이 길어지면서 이전에 빼앗긴 양까지 보충한다는 사실이다. 이를 위해서 실험 대상자들이 렘수면에 접어들려고 하는 순간 깨우는 것을 반복하는 가운데 비렘수면만을 취하도록 했다. 이렇게 해서 렘수면을 빼앗긴 경우, 다음날 잠자리에 들면 렘수면에 이르는 시간은 더 빨라지고 그 시간은 더 길어진다. 비렘수면에 대해서도 동일한 실험을 했으며, 같은 결과를 얻었다. 이를 통해서 인간은 두 종류의 수면을 모두 필요로 한다는 사실을 알게 되었다.

● 렘수면이 결핍되면
　인간은 어떻게 될까

렘수면과 관련한 실험을 통해서 학자들은 렘수면의 결핍이 학습과 정보처리에 문제를 야기한다는 사실을 발견했다. 특히 렘수면은 정서가 많이 충전된 정보를 처리하는 과정에 중요한 역할을 하는 것으로 드러났다.

이를 위해 연구자들은 먼저 실험 대상자들을 상대로 시체를 해부하는 장면이 생생하게 묘사된 영화를 보여주었다. 그날 밤 이들을 두 그룹으로 나누어 한 그룹에게서는 렘수면을, 다른 그룹에게서는 비렘수면을 박탈했다. 그런 후 다음 날 같은 영화를 다시 보여주었을 때, 렘수면을 박탈당한 그룹의 사람들이 비렘수면을 박탈당한 그룹보다 뚜렷하게 더 큰 불안감을 나타냈다. 이를 통해서 렘수면은 불안과 같은 정서를 수습하도록 돕는 기능을 한다는 것이 밝혀졌다.

한편에서는 이혼과 같은 스트레스 상황이 렘수면 동안 꾸는 꿈의 내용과 어떤 관련이 있는지에 대한 연구가 이루어졌다. 이혼한 여성들을 두 그룹으로 나누어 실험을 했다. 이혼으로 인해 우울해진 그룹과, 이혼이 별다른 심리적 문제를 야기하지 않는 그룹이다.

전자의 경우 렘수면 동안 꾼 꿈에서 시각적 형상이 적게 나타났으며, 꿈 이야기의 구성이 제대로 이루어지지 않아 꿈이 연결이 되지 않았다. 꿈의 내용은 과거의 한 시점을 중심으로 이루어졌으며, 꿈꾸는 사람은 스스로를 결혼하지 않은 사람으로 인식하고 있었고, 꿈에 이혼과 관련된 어떤 내용도 나타나지 않았다.

이에 반하여 후자의 경우 꿈은 더 길었으며, 꿈의 내용은 다양한 과거의 시간을 반영하고 있었다. 그들은 꿈을 통해 부정적인 정서를 경험했으며, 기혼자의 역할을 담당하는 자신의 모습을 그리고 있었다.[03]

이 연구를 수행한 연구자가 이혼으로 우울해진 그룹의 여성들을

---

03 Cartwright, R. D., Lloyd, S., Knight, S. & Trenholme, I. (1984). Broken Dreams: A Study of the Effects of Divorce and Depression on Dream Content. Psychiatry, 47, 259.

대상으로 추후 면담을 실시한 결과, 그들이 우울한 상태에서 벗어나 정상적으로 되어감에 따라 그들이 꾸는 꿈의 특성도 정상적인 여성들의 꿈과 같은 모습으로 변화되는 것을 알게 되었다.

이를 통해서 내린 결론은 첫째, 꿈은 현실에서 일어나는 중요한 사건을 반영한다. 둘째, 격렬한 정서를 동반하는 사건보다 보통의 정서를 불러일으키는 사건들이 더 잘 꿈에 반영된다.[04] 다시 말하면 격렬한 정서를 야기하는 사건을 경험할 때는 그 정서가 즉각적으로 꿈에 잘 반영이 되지 않다가, 그 정서가 어느 정도 약해지면 꿈에 더 잘 반영된다. 이것은 극심한 스트레스 상황에서는 꿈이 잘 기억되지 않다가, 스트레스가 어느 정도 해소된 다음에 꿈에 또렷이 나타나곤 하던 필자의 경험과도 같은 맥락으로 이해가 된다.

이상 살펴본 바에 의하면, 렘수면의 발견을 계기로 수면 연구에 새로운 계기가 주어지면서 의식 전반에 걸쳐 새로운 심리학적 지식을 확보할 수 있었다. 단순히 수면에 대한 이해뿐만 아니라, 인간의 의식과 꿈에 대해서도 새로운 이해가 가능하게 된 것이다. 가장 중요한 발견은 수면 중에도 인간의 뇌는 깨어 있는 동안의 활동 못지않은 왕성한 활동을 한다는 사실이다.

---

04 앞의 책. 259.

몇 년 전에 가수 인순이가 '거위의 꿈'
이라는 노래를 불렀는데, 그 다음에 이 노래
를 피겨스케이팅 세계챔피언 김연아 선수가 부
르면서 다시 국민적 관심을 끌었다. 꿈을 주제로
한 노래가 인기를 얻는 이유 가운데는 '꿈'이라는
단어에 사람들이 부여하는 긍정적 의미를 들 수 있
다. 사람들은 '꿈'이라고 하면 희망을 떠올리는데,
꿈은 사람들에게 삶의 목표로 작용하기도 한다.
여기에서는 꿈이라는 말이 어떤 의미로 사용되
는지를 살펴봄으로써 꿈에 대한 한국인들
의 인식을 알아보고자 한다.

Part 2
한국인의
꿈을 읽다

HOW TO READ A DREAM

.

꿈은 소중하다

◆×◆×◆

인간의 역사는 주로 인간이 활동하는 낮 시간 동안 이루어지기 때문에 현실이라고 하면 으레 깨어 활동하는 낮 시간을 가리키는 것으로 생각한다. 활동하지 않고 잠자는 밤 시간은 낮의 활동을 위해 필요한 휴식을 취하고 에너지를 보충하는 시간으로 간주한다. 잠자는 시간은 깨어 활동하는 삶을 위해 필수적이라고 생각하지만, 삶을 위해 창조적인 역할을 하는 것으로 생각하지 않는다.

잠자는 시간이 하는 역할을 단순히 육체와 정신활동을 위한 휴식으로 제한해버리면 잠과 더불어 찾아오는 꿈을 무시하게 되고, 그와 동시에 꿈이 인간의 삶을 풍요롭게 해주는 많은 혜택을 외면해 버리는 결과를 초래한다. 그러나 꿈의 의미와 역할을 올바로 이해하는 사람들은 한결같이 깨어 활동하는 삶이 중요한 것 못지않게 잠잘 때 꾸는 꿈도 인간의 삶을 위해 중요하다는 사실을 강조한다.

인간의 삶에서 꿈이 중요한 역할을 한다는 사실은 우리말 '꿈'이라는 단어가 사용되는 용법에 잘 드러나 있다. 꿈이라는 단어의 용법이 단순히 잠잘 때 꾸는 꿈을 의미하는데 국한되지 않고, 여러 가지 중요한 의미로 사용되는 현상이 이를 잘 보여주고 있다.

우선 꿈은 인간이 지향하고 추구하는 삶의 원대한 목표를 가리킬 때 사용되며, 인간으로 하여금 절망 가운데서도 살아갈 수 있도록 희망과 용기를 불러일으킬 때 사용된다. 이런 면에서 크든 작든 꿈이 없는 인간이란 생각할 수 없다. 또 꿈을 잃어버린 사람은 삶의 의미를 잃어버린 사람이라고 할 수 있을 정도로 인간의 삶에서 꿈은 중요하다.

특히 젊은이들에게 있어서는 더욱 더 그렇다. 무한한 가능성이 있는 젊은이들을 이끌어 가는 것이야말로 그들이 품은 꿈이기 때문이다. 이런 꿈의 중요성을 잘 알기 때문에 어른들은 젊은이들이 큰 꿈을 가지도록 격려하며, 작고 소박한 꿈이라도 그것을 존중하며 귀하게 여기도록 가르친다.

● "좋은 꿈 꾸십시오!"라는 덕담

꿈이 소중한 역할을 한다는 것과 관련하여 빼놓을 수 없는 일화는 2002년 서울에서 벌어진 월드컵 때 일어난 일이다. 한국 팀을 응원하는 붉은 악마들은 매번 한국 팀의 경기 때마다 다양한 응원 구호를 들고 나와 온 국민을 하나로 묶는 역할을 했다. 그중에서도 가장 인상적인 것은 '꿈★은 이루어진다'는 구호였다. 이 구호처럼 한국 팀은 꿈꾸던 4강에 당당히 진출할 수 있었다.

이처럼 일상생활에서 꿈이라는 말이 중요한 의미로 사용된다는 사실은 잠잘 때 꾸는 꿈을 한편으로는 중요하게 여긴다는 뜻으로 받아들여도 될 것이다. 이는 곧 일반적으로 '꿈이란 소중하다'는 인식이 사람들의 무의식 한편에 자리 잡고 있다는 것을 보여주는 것이라고 할 수 있다. 그렇다면 어떤 종류의 꿈이 사람들의 무의식 가운데 이런 생각을 하도록 했을까?

여러 종류의 꿈을 들 수 있겠지만, 그 가운데 가장 대표적인 것이 태몽일 것이다. 거의 대부분의 어머니나 아버지는 아이를 가졌을 때 태몽을 꾼다. 태몽은 아이의 성별과 장래에 어떤 인물이 될 것임을 미리 보여주는 내용이 포함되어 있는 경우가 많다. 태몽과 관련하여 잘 알려진 이야기 하나를 살펴보자.

삼국 통일에 지대한 공을 세운 인물인 신라의 김유신 장군의 탄생과 관련하여 전해 내려오는 태몽의 내용이다. 김유신의 어머니가 그를 잉태했을 때, 김유신의 아버지인 김서현이 다음과 같은 꿈을 꾸었다.

**하늘에서 형혹성 두 개가 떨어져
자기에게 오는 것을 받아들인다.**

이 꿈을 꾼 김유신의 아버지는 자기 아들이 아주 큰 인물이 될 것이라고 굳게 믿었다. 혼자만 믿은 것이 아니라, 그 아들에게도 꿈을 일러주었다. 이렇게 꿈을 통해 부모가 아이에 대해 가지는 기대는 아이에게 전달이 되고, 그 아이는 마음속에 꿈을 품고 그 꿈을 이루기 위해 노력하며 살게 되어 후일에 꿈 내용처럼 큰 인물이 되었다.

또 다른 경우는 제6장에 나오는 꿈의 사례를 통해서 볼 수 있는 것처럼 중요한 일을 앞에 두고 꿈을 꾸었는데, 그 결과가 꿈처럼 되었을 때이다. 이와 유사한 경험들이 '꿈'이라는 말에 '소중하다'는 의미를 부여하는 계기로 작용했을 것이다. 나아가 이런 경험이 계기가 되어 중요한 일을 앞에 두고 좋은 결과를 기다리는 이웃에게 "좋은 꿈 꾸십시오!"라고 덕담을 하게 되었을 것이다.

결론적으로 말해 좋은 꿈을 꾸면 앞날에 좋은 일이 일어난다는 경험이 무의식에 자리를 잡았을 것이고, 그 결과 꿈이라는 단어에는 꿈이 소중하다는 일반인의 인식이 스며들었을 것이다.

꿈은 허황된 것이다

◆※◆※◆

앞에서 사람들이 꿈을 소중하게 생각한다고 했지만, 그렇다고 사람들이 꿈에 좋은 의미만을 부여하는 것은 아니다. 사람들은 꿈이 좋은 것이긴 하지만, 한편 위험할 수 있다는 사실을 잘 알고 있다. 꿈이 삶의 목표가 되어 한 사람의 삶을 이끌어 가는 좋은 역할도 하지만, 그 꿈이 터무니없는 경우 오히려 사람을 파멸로 몰아가는 역할도 한다. 꿈 가운데는 현실에서는 도저히 실현 불가능한 허황된 꿈이 있기 때문이다. 또 아무 노력도 하지 않고 가만히 앉아서 일확천금을 꿈꾸는 사람들도 있다. 꿈이 안고 있는 이런 위험성 때문에 어른들은 젊은 이들이 헛된 꿈을 꾸지 않도록, 그리고 노력 없이 꿈만 꾸지 않도록 가르친다.

실제로 십수 년 전 우리 사회에 불어 닥쳤던 신데렐라 신드롬과 비뚤어진 10억 만들기 신드롬은 모두가 하루아침에 가만히 앉아서 팔자를 고쳐 보겠다고 허황된 꿈을 꾸는 사람들의 심리를 보여준다. 이런 사람들의 말로가 어떤지를 극명하게 보여주는 대표적인 사건이 모든 언론 매체를 통해 전국적으로 보도된 적이 있다.

염 아무개 씨는 지방에서 태어나 초등학교를 다닐 때부터 수석을 놓치지 않으면서 고등학교 과정도 2년 만에 끝내고 모 국립대학에 입학했다. 그는 대학을 미처 졸업하지도 않은 채, 남들이 모두 선망하는 일류기업에 최연소로 입사하는 등 탄탄대로를 걸었다. 입사 후에도 능력을 인정받아 다른 동료들보다 빨리 승진을 했으나, 어느 때부터인가 능력의 한계를 느끼기 시작했다. 과장 승진에 거듭 탈락되는 한편, 과다한 업무를 감당하지 못해 점차 지쳐갔다. 회사 생활에는 더 이상 희망이 없다는 판단 아래 사직서를 제출하고, 5천만 원의 퇴직금을 받아들고 다니던 회사를 그만두었다.

염 씨는 퇴직 후 다른 직장에 다시 취업을 하려고 애를 써봤으나, 재취업은 생각처럼 쉽지 않았다. 한편 그녀의 아버지는 그즈음 지방 공무원으로 일하다 퇴직했고, 부인과도 사별하고 서울로 올라와 딸과 함께 살기 시작했다.

퇴직한 지 얼마 지나지 않은 어느 날, 염 씨는 느닷없이 엉뚱한 결심을 했다. 마침 10억 신드롬이 불고 있었는데, 염 씨도 가지고 있던 퇴직금 모두를 걸고 1년 안에 10억 원을 만들기로 한 것이었다. 염 씨의 아버지도 딸의 계획에 동참하기로 하면서 부녀는 결연한 결심을 했다. 즉, 1년 안에 10억 만들기 목표를 이루지 못하면 더 이상 살아봤자 아무런 희망이 없으니, 같이 목숨을 끊기로 약속한 것이었다.

이때부터 부녀는 '10억 만들기' 작전에 돌입했다. 그리하여 궁리 끝에 복권과 주식에, 가지고 있던 모든 돈을 쏟아 부었다. 하지만 퇴직금 반을 투자한 주식은 투자금만 날리고 아무런 수익을 내지 못했다. 마지막으로 남아 있던 2천여 만 원으로는 복권을 사서 '인생역전'을 바랐지만, 1백여 만 원 정도를 받을 수 있는 3등에 두세 차례 당첨됐을 뿐이다.

그러는 사이 약속한 1년이 흘렀고, 꿈꾸었던 10억 원은커녕 부녀의 마지막 재산이었던 5천만 원의 퇴직금도 수중에서 전부 사라져버렸다. 재산과 함께 모든 꿈을 잃어버린 부녀는 더 이상 살고자 하는 희망마저 잃어버렸다. 그래서 처음 약속한 대로 동반 자살을 실행하기로 했다. 더 이상 목숨을 부지하고 살고 싶은 마음이 없었다. 세상을 떠난다는 유서를 쓰고 난 후, 부녀는 마지막 인사를 나누었다. 그리고 두 사람은 각자 스스로의 생명을 마무리하는 것으로 이 땅에서의 삶을 마감했다.

● 꿈이 위험해지는 이유는
   무엇일까

　사람들은 꿈이란 말에 '허황된', '부질없는' 등의 수식어를 붙여 이렇게 인간의 허황되고 탐욕스럽고 미련한 행동을 가리키기 위해 사용하기도 한다. 이를 통해 일반인들의 무의식 속에는 잠잘 때 꾸는 꿈에 대한 부정적인 견해도 들어 있는 것을 알 수 있다. 사람들은 잘 때 꾸는 꿈이 현실과 일치하지 않고, 때로는 잔뜩 기대만 부풀려 놓고 실제론 아무 일도 일어나지 않는 경험을 통해서 꿈에 대해 이런 부정적인 견해를 가지게 되었을 것이다. 그래서 한때 꿈에서 깨어나서 정신 차리라는 의미의 '깨몽'이라는 유행어도 있었다.

　일상에서 쉽게 경험할 수 있는 예를 하나 들어 보자.

　하루는 내 아내가 복권을 1만 원 어치나 사가지고 들어왔다. 평소에 복권이라고는 사지 않던 사람이 그렇게 큰돈(?)을 투자하여 복권을 샀으니, 이상한 노릇이 아닐 수 없었다. 내가 어쩐 일이냐고 물었으나, 아무런 말도 하지 말라는 둥, 미리 말을 하면 효과가 없다는 둥의 소리를 하면서 때가 되면 알려주겠다고 했다.

　며칠이 지난 다음, 복권 당첨자를 발표했는데 모두 꽝이었다. 그때서야 "에이 뭐야. 다 부질없는 꿈이네!" 하면서 복권을 사게 된 까닭을 설명했다. 다름 아니라, 복권을 사기 전날 꿈을 꾸었는데, **여기저기 똥이 쌓여 있는 꿈을 꾸었다**는 것이다. 똥 꿈을 꾸면 돈이 생긴다는 소리를 들은 적이 있다면서 잔뜩 기대를 하고 복권을 샀다는 것이다.

　이 예는 사소한 해프닝으로 끝났지만, 한탕주의를 꿈꾸면서 하루 아침에 팔자를 고쳐 보려는 사람들의 경우 상황은 크게 달라질 수 있다. 그들은 심심풀이로 1만 원을 투자하는 것이 아니라, 전 재산을 걸고 도박하기 때문이다.

　이처럼 꿈이 사람으로 하여금 노력을 하지 않고 하늘에서 행운이 떨어지기를 바라도록 하여 패가망신하도록 하는 경우도 있다. 바로 이런 이유로 사람들은 '꿈'이라는 말에 허황되어 위험할 수 있다는 의미를 부여해서 사용하고 있는 것이다.

꿈은 불가사의하다

◆✕◆✕◆

일상생활에서 사용하는 꿈이라는 말속에는 또 다른 의미가 내포되어 있다. 너무 뜻밖의 사건이어서 믿어지지 않는 일이 일어나거나, 고대했던 일이 이루어지게 되면 '꿈만 같다'라는 말을 한다. 10여 년 전에 신문에 보도된 사건인데, 중학교 때까지 꼴찌를 하던 학생이 고등학교로 진학하여 전교 1등을 한 사건이 책으로도 출판되어 화제가 되었다. 이 학생을 알고 있는 사람들 모두에게 이 사건은 믿어지지 않는 꿈만 같은 사건일 것이다.

현실에서 이루어진 불가사의한 일로 꿈만 같은 사건의 실제적인 예를 한번 살펴보자. 어떤 사람이 사업과 관련하여 꿈을 꾸었는데, 다른 모든 사람에게는 도저히 실현 불가능한 일로 보이나 꿈꾼 사람은 그 꿈을 믿고 포기하지 않았던 사례이다. 1974년 3월 24일자 〈뉴욕

타임즈〉에는 꿈에 관한 다음과 같은 기사가 실렸다. 이 꿈의 주인은 영국군 중령인 딕슨으로 그가 이 꿈을 꾼 것은 1937년 쿠웨이트로 파견되어 복무할 때였다. 꿈을 꾸기 전날, 사막의 폭풍이 사납게 몰아쳤고, 그 결과 그의 저택 안에서 자라던 야자나무 곁에 구덩이가 파였다. 그날 밤, 그는 다음과 같은 꿈을 꾸었다.

> **그가 (낮에 파여진) 구덩이로 다가가보니**
> **그 밑바닥에 석관이 놓여 있는 것이 보였다.**
> **그 관안에서 수의를 발견하고 수의를 손으로 만지자**
> **아리따운 처녀가 되살아났다. (계속해서 꿈을 꾸는데)**
> **낯선 사람들이 소리를 지르며 몰려들었고,**
> **그 처녀를 사막에 생매장하려고 했다.**
> **이에 그는 그들을 멀리 쫓아버렸다.**[05]

꿈에서 깨어난 딕슨은 혼란스러운 마음을 떨쳐버릴 수 없었다. 그래서 그 지역에 사는 베두인 원주민 가운데 꿈을 잘 해석해주기로 소문난 여인을 찾아가 꿈의 의미에 대해 물어보았다. 그 여인의 해석에 따르면 꿈에 나타난 처녀는 쿠웨이트 사막 아래에 매장되어 있는 부(富)를 상징하는 것이요, 그녀를 매장하려는 낯선 사람들은 바다 건

---

05   Van de Castle, R. L. (1994). Our Dreaming Mind. New York: Ballantine Books. 27-28.

너서 온 사람들로 매장된 석유를 발견하려는 영국 석유회사 사람들의 노력을 방해하려는 훼방꾼을 상징한다고 했다.

실제로 그 당시 영국 석유회사 소속 석유 시추 팀은 쿠웨이트 만에 있는 바라에서 2년 동안 석유 시추 작업을 벌였으나, 아무런 성과를 얻지 못하고 있었다. 꿈을 해석해주면서 베두인 여인은 딕슨에게 시추 팀을 버간 사막으로 옮겨 그곳에 홀로 서 있는 야자나무 곁에서 시추를 하라고 조언했다. 그러면 그곳에서 그들이 원하는 석유를 발견하게 될 것이라고 말했다.

● 꿈의 효험을 믿던
　사람 덕분에

딕슨은 자기의 꿈과 베두인 여인의 해석과 조언을 곧바로 시추 팀에게 들려주었다. 그러면서 베두인 여인이 가르쳐준 곳으로 장소를 옮겨 시추할 것을 강력히 요청했다. 그러나 자신의 꿈만을 믿고 값비싼 장비와 노동력을 옮겨서 시추하라는 그의 말에 귀 기울이는 사람은 아무도 없었다. 오히려 그를 어리석다고 비웃을 뿐이었다.

현장의 시추 팀 설득에 실패한 딕슨은 그렇다고 자신의 꿈을 포기할 수 없었다. 그는 곧바로 배를 타고 런던으로 가서 그 회사의 최고 경영자들을 만나 자신의 꿈 이야기와 베두인 여인의 조언을 들려주었다. 다행히 이사 가운데 한 사람은 꿈의 효험을 믿던 사람이어서, 딕슨의 꿈대로 한번 시도해 볼 가치가 있다고 판단했다.

그 사람은 그 자리에서 쿠웨이트 현장에 있는 시추 팀에게 전보를 쳐서, 현재 시추하고 있는 곳에서 30마일 가량 떨어져 있는 버간으로 옮겨 시추하도록 지시했다. 시추 팀은 상부의 지시에 따라 마지못해 장소를 옮겨 시추를 시작했다. 그런데 놀랍게도 그들은 베두인 여인이 가르쳐준 바로 그 야자나무 곁에서 그들이 오랫동안 찾으려고 수고했으나 발견하지 못했던 거대한 유전을 발견할 수 있었다. 그때가 바로 1938년 5월이었다.[06]

일이 이렇게 되자, 딕슨의 말을 듣지 않았던 현장의 시추 팀은 아무런 할 말이 없어졌다. 또한 그들의 눈앞에서 벌어진 현실을 두고 믿지 않을 수 없었다. 그들 가운데 대부분은 이 사건을 계기로 꿈이란 참으로 불가사의하다는 생각을 했을 것이다. 이렇게 도저히 믿을 수 없는 꿈의 내용이 현실로 이루어지는 경험은 현실에서 믿지 못할 일이 일어날 경우, 사람들이 "꿈만 같다"고 말하는 계기가 되었을 것이다.

---

06 딕슨의 꿈과 관련된 이상의 내용은 다음의 책에 나오는 내용을 새롭게 재구성한 것이다. Van de Castle, R. L. (1994). Our Dreaming Mind. New York: Ballantine Books. 27-28.

인간의 한평생 삶은
마치 어젯밤에 꾼
꿈과 같다

꿈이라는 단어에 내포된 꿈에 대한 이해를 살펴보고 있는데, 여기서 빼놓을 수 없는 것이 꿈이란 한평생 살아가는 인간의 삶 자체를 의미하기도 한다는 것이다. '삶이란 한바탕 꿈에 지나지 않는다'라는 표현은 동서고금을 통해서 많은 사람들이 삶을 묘사할 때 사용하는 말이다. 이 말은 '삶이란 무엇인가?'라는 본질적인 물음에 대한 답이다.

사람들이 삶을 꿈이라고 하는 가장 중요한 근거는 지나간 시간에 대한 보편적인 경험에서 찾을 수 있다. 어린 시절에는 시간이 어떻게 지나가는지에 대해 관심을 갖지 못한다. 하지만 나이를 먹고 세상 경험이 쌓일수록 사람들은 살아 있는 시간과 지나왔던 삶에 대해 점점 더 많은 생각을 한다.

아무것도 모른 채 보냈던 유년시절도, 꿈 많았던 젊은 시절도, 행복했던 시절도, 그리고 괴로웠던 나날도, 모두가 무상하게만 느껴진다. 이렇게 지나온 과거의 시간을 떠올리면 모든 것이 순식간에 지나가버린 것처럼 덧없이 느껴지는 것이 보편적인 인간 경험이다.

지나간 세월이 무상하게 느껴질 때 사람들은 삶이 마치 꿈만 같다고 하는데, 그것은 아무리 긴 세월이라도 지나간 모든 시간은 마치 어젯밤에 꾼 꿈처럼 그렇게 짧기만 하고 아쉽게 느껴지기 때문일 것이다.

● 한단지몽,
  인생은 덧없는 한때의 꿈과 같다

한평생 살아가면서 맛보는 인간의 부귀공명과 인고가 하룻밤의 꿈에 비유될 수 있다는 것을 가리키는 고사성어 가운데 '한단지몽(邯鄲之夢)'이라는 말이 있다. '덧없는 한때의 꿈'이라는 의미를 지닌 이 말은 다음과 같은 이야기에서 유래한 것으로 전해진다.

당나라 현종 때, 여씨 성을 가진 늙은 도사가 하북성 내의 한단에 있는 한 주막에서 쉬고 있었을 때 행색이 초라한 젊은이가 옆에 와서 자신을 노생(盧生)이라고 소개한 후 한동안 신

세 한탄을 늘어놓고는 꾸벅꾸벅 졸기 시작했다. 이를 본 도사가 자신의 보따리 속에서 양쪽에 구멍이 뚫린 도자기 베개를 꺼내주자, 노생은 그것을 베고 잠이 들어 꿈을 꾸게 되었다.

노생은 베개의 구멍 속으로 들어가서 고래 등 같은 기와집을 발견한다. 그는 최씨인 그 집주인의 딸과 결혼하고 과거에 급제한 뒤 벼슬길에 나아가 순조롭게 승진했으나, 재상의 투기로 지방으로 좌천되는 아픔을 겪는다. 3년 후, 다시 능력을 인정받아 호부상서로 조정에 복귀하게 되며 그 후 얼마 되지 않아 마침내 재상이 된다.

재상이 된 후 10년간 노생은 태평성대를 이룩한 명재상으로 이름을 떨치나, 어느 날 갑자기 모반을 꾀한다는 누명을 쓰고 역적으로 몰리게 된다. 노생은 포박 당하는 자리에서 탄식하며 말한다. "내 고향 산동에서 땅이나 부쳐 먹고 살았더라면 이런 억울한 누명을 쓰지 않았을 텐데, 무엇 때문에 애써 벼슬길에 나갔는지 모르겠다. 그 옛날 누더기를 걸치고 한단의 거리를 걷던 때가 그립구나. 하지만 이제 와서 후회한들 무슨 소용이 있겠는가……"

비탄에 빠진 그는 칼을 들어 자결하려 하지만, 아내와 아들이 말리는 바람에 미수에 그친다. 노생과 함께 잡힌 사람들은 모두 처형 당하나, 불행 중 다행으로 그는 환관이 힘써준 덕분에 사형을 면하고 변방으로 유배된다. 수년 후 그가 무죄임이 밝혀지고, 황제는 노생을 소환하여 그에게 높은 벼슬을 내린다. 그 후 노생은 고관이 된

여러 명의 아들과 손자를 거느리고 행복한 만년을 보낸 후, 80세에
생애를 마친다.

만족스런 표정으로 잠에서 깨어나 현실로 돌아온 노생은 이 모든
것이 한순간의 꿈인 것을 깨달았다. 자기 옆에는 여전히 늙은 도사가
앉아 있었으며, 주막집 주인이 짓고 있는 기장밥은 아직 다 되지 않
았다. 실망스런 표정을 짓는 노생을 바라보고 있던 도사가 웃으며 말
했다.

"인생이란 다 그런 것이라네."

노인의 이 말에 큰 깨달음을 얻은 노생은 자리에서 일어나 도사에
게 공손히 작별 인사를 고하고, 한단을 떠나 고향으로 돌아갔다.

한단지몽은 실제의 꿈이 아니다. 단지, 삶이란 꿈과 같은 것이기에
부귀영화에만 집착할 것이 아니라, 각자 처한 상황에 만족하면서 살
아가는 것이 중요하다는 교훈을 주기 위해 꾸며낸 이야기일 가능성
이 높다. 이 꿈의 사실 여부가 관심사는 아니다. 옛사람들이 삶을 꿈
과 같은 것으로 인식했다는 자체가 의미 있는 지점이다.

● 우리는 어쩌면 또 다른 차원에서
   살아가는 존재일지도

　인간의 한평생 삶이 꿈과 같다는 생각은 단순히 흘러간 과거의 삶이 꿈과 같다고 인식하는 데서 멈추지 않는다. 깨어서 살고 있는 현실조차도 또 다른 차원에서 살아가는 어떤 존재의 꿈이 아닐까 하는 의문을 불러일으키기도 한다. 이는 꿈이 그런 것처럼 인간의 삶에는 뭔가 확실하게 붙잡아, '내 것'이라고 할 수 있는 지속적인 것이 없다는 것과, 또 이런 인간의 삶이란 근본적으로 이해하기 어렵다는 인식 때문일 것이다.

　이와 관련된 유명한 일화가 있다. 고대 중국의 현자인 장자의 꿈 이야기다.

　　　　그가 하루는 잠을 자다가 자신이 나비가 된 꿈을 꾸었다. 나비가 된 그는 나비들이 그렇게 하는 것처럼 이리저리 날아다닌다. 꿈에서 그는 오로지 나비로서 나비의 환상을 쫓는 것만을 의식하지, 자신이 장자인 것을 전혀 의식하지 못한다. 그러다가 갑자기 잠에서 깨어났는데, 그 순간 나비는 사라지고 다시금 장자가 되어 누워 있는 자신을 발견했다.

　　꿈에서 깨어난 장자는 이 꿈을 두고 혼잣말로 중얼거렸다.

　　"내가 꿈에서 나비가 되었는지, 아니면 현재 나의 삶이라고 생

각하는 것이 나비가 자면서 인간이 된 꿈을 꾸는 것은 아닌지 도무
지 알 수가 없구나."

장자의 꿈 이야기는 인간 삶의 실재란 무엇인가를 고민한 끝에 그
답으로 주어졌을 것이다. 인간의 삶이란 어찌 보면 꿈과 다를 바 없다
는 생각을 이렇게 은유적으로 표현한 것이다.

인간 삶의 '실재'는 한낱 꿈에 지나지 않는다는 생각은 고대인뿐만
아니라 현대인들의 인식이기도 하다. '인간의 삶이 무엇인가' 하는 문
제는 인간이 던지는 가장 근본적인 질문에 속하며, 이에 대한 답의 하
나로 현대인 역시 같은 말을 하고 있다. 20세기의 저명한 수학자이자
철학자였던 영국의 버트런드 러셀 역시 이 주제에 대해 많은 생각을
하고 나서 다음과 같은 결론을 내린 바 있다.

"내가 [깨어 있는] 지금 꿈을 꾸고 있다고 믿지는 않지만, 내가 꿈을
꾸고 있지 않다는 것을 증명할 수는 없다."[07]

지금까지 꿈에 대한 사람들의 인식이 어떤지 알아보았다. 이 작업
을 통해서 한 가지 분명해진 사실이 있다. 인간의 삶이란, 꿈과는 떼
려야 뗄 수 없는 밀접한 관계를 이루고 있다는 것이다. 달리 말하면,
인간의 삶이란 어떤 형태로든 꿈과 함께하는 것으로 꿈을 떠나서 생
각할 수 없다는 것이다.

---

[07] Ullman, M., & Zimmerman, N. (1979). Working With Dreams. New York: A Dell/Eleanor
Friede Book. 55에서 재인용.

이렇게 인간의 삶과 밀접한 관계를 지니고 있으면서 사람들의 호기심을 사로잡고 있는 꿈에 대해 흔히들 던지는 질문이 있다. 다음 장에서는 이 질문 가운데 평소 사람들이 궁금해 하는 질문들을 선택해서 답을 하고자 한다.

사람들은 저마다 꿈에 대해 자신만의 생각을 가지고 있으며, 그 이해에는 사실과 전혀 다른 것도 있다. 또 꿈에 관심이 있는 사람들은 나름대로 꿈을 해석하고 이용하는 방법을 알고 있을 것이다. 이 주제에 대해서는 뒤에서 구체적으로 살펴보기로 하고, 여기서는 꿈과 관련하여 많은 사람들이 궁금하게 여기는 것들에 대하여 살펴보고자 한다.

Part 3
꿈에 대한 평소 궁금한 질문을 하다

How To Read A Dream

꿈을 꾸지 않는
사람도 있을까

◆✕◆✕◆

"나는 전혀 꿈을 꾸지 않는다"고 호언장담하거나, "가끔 꿈을 꾼다"라고 말하는 사람을 볼 수 있다. 과연 꿈을 꾸지 않는 사람들이 있는가? 또 어떤 사람들은 꿈을 꾸되, 가끔 꾸는 것인가? 오늘날 과학자들의 연구 결과에 의하면, 사람들은 모두가 꿈을 꾸면서 살아가는 것으로 밝혀졌다. 또 정상적으로 수면을 취하게 될 경우, 모든 사람들이 예외 없이 하룻밤도 빼놓지 않고 꿈을 꾼다.

그렇다면 꿈을 전혀 꾸지 않는다거나, 가끔 꿈을 꾼다는 사람들의 주장은 어떻게 이해해야 할 것인가? 그들이 매일 꿈을 꾸지만 그 꿈을 전혀 기억하지 못한다거나, 가끔 기억한다고 해야 옳은 것이다. 꿈을 기억하지 못하는 원인에 대하여 학자들은 다음과 같은 답을 내놓는다.

그들의 임상경험에 근거하여 정서적 억압이 심하기 때문이라고 설명하기도 하고, 혹은 전혀 관심이 없기 때문이라는 등 여러 가지로 설명을 하고 있다. 그러나 아직까지는 일치된 설명을 제시하지 못하고 있다.

천연색 꿈은
특별한 의미가
있을까

◆✕◆✕✕◆

　사람들은 종종 천연색 꿈을 꾼다고 한다. 그런데 이렇게 천연색으로 된 꿈을 꾸면 뭔가 특별한 의미가 있다고 생각한다. 이와 관련하여 먼저 꿈에 색채가 나타나는 현상에 대해 말할 것 같으면, 거의 대부분의 꿈에는 컬러가 나타난다. 그렇지만 꿈을 꾼 사람이 특별히 주의를 기울여 기억하지 않으면, 잠에서 깨어나면서 그 색깔에 대한 기억은 쉽게 사라져버린다.

　천연색 꿈이라고 해서 특별한 의미가 있다고 할 수는 없다. 각각의 꿈이 가지고 있는 특별한 의미는 컬러 자체에 있다기보다는 그 색깔을 포함한 꿈의 형상에 달려 있다. 이런 의미에서 기본적으로 모든 꿈은 저마다 독특한 의미가 있다.

　그렇다고 천연색 자체가 아무런 의미가 없다는 것은 아니다. 왜냐하면 색채를 포함하여 꿈에 나오는 모든 것은 의미가 있기 때문이다. 특별히 생생한 색깔이나 여러 형상에 되풀이하여 나오는 색채는 꿈의 의미에 대한 중요한 단서를 제공한다. 따라서 이런 맥락에서 꿈속의 색깔은 특별한 의미가 있다고 할 수 있다.[08]

---

08 Ullman, M., & Zimmerman, N. (1979). Working With Dreams. New York: A Dell/Eleanor Friede Book. 34.

시각장애인은
어떤 방식으로
꿈을 꿀까

◆※◆※◆

정상인처럼 시각장애인도 꿈을 꾼다. 문제는 그들이 어떤 형태의 꿈을 꾸는가 하는 것이다. 이에 대한 대답은 그 사람이 언제부터 그리고 얼마나 오랫동안 앞을 못 보았는가에 따라 달라진다. 태어날 때부터 앞을 못 보는 사람의 경우에는 시각 기능이 처음부터 작용하지 않았다. 그렇기 때문에 정상인들처럼 시각을 통해 형성하는 시각적 형상을 전혀 만들어내지 못한다.

그렇다고 그들이 전혀 상상을 하지 못한다거나, 형상을 만들어내지 못한다는 말은 아니다. 그들은 시각을 통하여 보지 못하기 때문에, 정상인들과는 다른 방법으로 사물을 인지하고, 그 사물에 대한 시각적 형상을 만들어낸다. 즉 다른 감각기관을 통하여 사물을 파악하고 이해하여, 그 나름대로 사물에 대한 상을 만들어낸다.

이렇게 하여 태어날 때부터 앞을 못 보는 사람들은 깨어 있을 때 시각을 제외한 다른 모든 감각 기능을 동원한다. 그리하여 나름대로 사물을 파악하고 이해하여 자신만의 고유한 형상을 창조하듯이, 잠을 자는 동안 꿈도 같은 방법으로 꾸게 된다. 물론 이렇게 꿈을 꾸는 동안 시각 장애인들은 그 꿈을 마치 실재인 것처럼 경험하는데, 이는 정상인들이 꿈을 실재적인 것으로 경험하는 것과 같다.

한편, 정상으로 태어났다가 자라면서 사고나 병으로 시력을 상실한 사람의 경우는 또 다르다. 처음에는 정상인과 똑같은 방법으로 꿈을 꾼다. 그러나 시간이 점점 흘러 시각적 형상에 대한 기억이 둔해질수록 그들의 꿈은 태어날 때부터 시각 장애인이었던 사람의 경우를 닮아 간다. 즉, 그들처럼 다른 감각을 이용하여 만들어내는 시각적 형상이 꿈으로 변하게 된다.[09]

---

[09] Ullman, M., & Zimmerman, N. (1979). Working With Dreams. New York: A Dell/Eleanor Friede Book. 34.

아무런 의미 없는
'개꿈'이 있을까

◆※◆※◆

　아침에 자고 일어나서 좋은 꿈을 꾸었다고 생각할 경우, 무슨 횡재수가 있으려니 하고 기대하는 사람들이 많다. 그래서 이런 기대감에 부푼 마음으로 복권을 사는 사람들을 흔히 볼 수 있다. 그러다가 복권이 당첨되지 않으면, "에이, 개꿈이잖아!" 하면서 허망해 하고, 꿈도 잊어버리게 된다. 그리고 더 나아가 꿈을 더욱 하찮게 생각하기도 한다.

　사실 이런 사람들은 꿈을 하찮게 생각하여 꿈을 내치기 전에 먼저 점검해야 할 것이 있다. 바로 꿈에 대한 자신의 이해가 제대로 된 것인지, 그리고 그날 꾼 꿈의 의미를 정확하게 해석한 것인지를 물어보아야 한다. 만일 이러한 점검이 평소 제대로 이뤄졌다면, 그가 꾼 좋은 꿈은 어떤 형태로든 유익을 가져다주었을 것이다.

자, 그럼 이번 장의 물음에 대해 한 마디로 말하자면, 아무런 의미가 없는 개꿈이란 없다. 그리고 아무런 기능도 하지 않는 꿈은 없다. 모든 꿈은 나름대로 의미가 있으며, 꿈 자체의 고유한 기능을 수행하고 있다. 문제는 꿈의 의미를 제대로 이해하는가에 달려 있다. 그러므로 꿈을 꾼 사람이 그 꿈을 정확하게 이해했는가, 그렇지 못했는가에 따라 꿈의 가치와 활용도는 크게 좌우된다.

모든 꿈은
이해 가능할까

◆✕◇✕◆✕◇✕◆

사람들은 잠을 자는 동안 많은 꿈을 꾼다. 하지만 모든 꿈을 다 기억하지는 못한다. 단지, 그 가운데 일부분만 기억한다. 그러니 '모든 꿈은 이해 가능한가?' 하는 질문은 당연히 '잠에서 깨어났을 때 기억하고 있는 꿈을 모두 해석할 수 있는가?' 하는 것으로 바뀌어야 한다.

이론적으로 '모든 꿈은 해석이 가능하다'고 해야 할 것이다. 그러나 실제로 자기가 꾸는 모든 꿈을 이해하기 위해서는 충분히 훈련을 해야 하고, 또 충분한 시간이 있어야 한다. 그렇기 때문에 날마다 꾸는 모든 꿈을 다 해석하는 것이 실전에선 그렇게 간단한 일은 아니다.

또 꿈을 해석하는 작업을 실제적으로 하는 사람이면 쉽게 경험하는 것이 있다. 어떤 꿈은 꿈을 꾼 당시에는 해석이 되지 않다가, 시간이 지난 다음에 자연스럽게 해석되는 것도 있다. 그러므로 기억하는 모든 꿈을 해석하는 것이 가능하다 하더라도 집중의 문제, 시간의 문제 등으로 꿈을 모두 다 해석하기는 어려운 일이다. 중요하다고 생각하는 꿈의 소재부터 시작하여, 하나씩 그 의미를 밝혀나가는 자세가 필요하다. 이렇게 훈련을 하다 보면, 중요하다고 생각되는 대부분의 꿈을 이해하게 된다.

악몽은
항상 불길한 사건을
예견할까

◆✕◆✕◆

사람들은 잠을 자다가 가끔씩 자신도 모르는 사이에 놀라 소리를 지르면서 잠에서 깨어 일어나기도 한다. 이런 경우 흔히들 악몽을 꾸었다고 말한다. 이때 꿈의 내용을 생생하게 기억하는 경우도 있고, 꿈의 내용은 기억하지 못한 채 악몽에 시달렸다는 사실만을 기억하고 놀라 가슴이 두근거리거나 식은땀을 흘리는 경우도 있다.

일반적으로 악몽이라고 하면 꿈을 꾸는 사람이 공포나 두려움, 혹은 극심한 불안으로 잠에서 깨어나게 되는 꿈을 가리킨다. 심한 경우 하룻밤에도 같은 악몽을 몇 차례 반복해서 꾸고, 그때마다 잠에서 깨어난다. 심하면 더 이상 잠을 이루지 못하기도 한다. 이는 꿈이 끔찍한 정서를 불러일으켜 그런 심리 상태로는 도저히 잠을 잘 수 없기 때문이다. 달리 표현하자면, 이런 꿈은 잠자는 사람으로 하여금 끔찍한 심리 상태에서 벗어나도록 하는 역할을 한다고 할 수 있다.

● 악몽은 어른보다는
   어린아이에게서 주로 나타난다

심리학자들의 설명에 따르면, 악몽은 수면 주기 중에서도 비렘수면기(N-REM) 동안에 주로 발생한다고 한다. 그렇기 때문에 그 꿈의 내용을 기억하지 못하는 경우가 많다고 한다.[10] 악몽은 어른보다는 주로 어린아이에게서 발견되는 것이 특징이다. 이는 정서적으로 취약한 어린아이들이 깨어 활동하는 동안 경험한 공포와 두려움, 그리고 불안 등의 감정을 해소하지 못한 채 잠을 자다가 꿈을 통해 이런 정서를 해소하는 것이라고 설명한다.

악몽을 꾸면 사람들은 대개 불안, 공포, 두려움 등의 격렬한 감정을 경험하기 때문에 뭔가 실제로도 불길한 일이 현실 속에서 일어나지 않을까 염려하게 된다. 이런 상태에서 꿈을 꾼 다음날에 좋지 못한 일이 일어나면 바로 악몽 때문이라고 생각을 한다. 이처럼 악몽은 과연 불길한 일을 예견하는 징조인가?

이에 대한 답은 위의 설명에서 이미 어느 정도 짐작할 수 있을 것

---

10 Ullman, M., & Zimmerman, N. (1979). 39.

이다. 많은 경우 악몽은 불길한 일을 예견한다기보다는, 꿈을 꾼 사람이 그 무렵이나 과거에 겪은 해소하지 못한 부정적인 감정을 표출하는 것으로 이해해야 한다. 즉, 악몽은 앞으로 일어날 불길한 사건에 대한 예견이라기보다는 그 전날이나, 과거에 일어나서 격렬한 정서를 야기한 사건과 관련이 있다.

물론 악몽 가운데는 일어날 불길한 사건을 예시하는 꿈도 있는데, 이 경우는 언제나 사건을 통해서만 검증이 가능하다. 그렇기 때문에 악몽을 꾸고 나서, 그것이 반드시 불길한 징조라고 단정하는 것은 올바른 태도가 아니다. 악몽의 내용이 기억 날 경우에는 그 꿈을 제대로 해석해서 어떤 의미인지를 파악해야 한다. 그리고 그 문제의 심리적 원인을 찾아 해소하는 작업을 통해 악몽에서 벗어나도록 하는 것이 중요하다.

모든 꿈이
앞날의 일을
말해줄까

◆✕◆✕◆

나이 많은 사람들 가운데는 아침에 일어나서 자녀들에게 "오늘은 특별히 조심해라. 어젯밤 꿈자리가 아주 뒤숭숭한 것이 불길한 일이 일어날 것 같은 느낌이 든다"라고 말하는 것을 볼 수 있다. 또 사람들이 어떤 기분 나쁜 일을 경험하게 되었을 때 "에이, 재수 없어. 어젯밤 꿈자리가 사납더니! 오늘 이런 꼴을 당하려고 그랬나 보네!"라고 말하기도 한다.

이런 이야기들은 일반 사람들이 꿈에 대해 가지고 있는 가장 흔한 생각, 즉 꿈이란 앞으로 일어날 일을 미리 알려주는 역할을 한다는 것을 보여준다. 물론 앞으로 일어날 일이란 좋은 일, 불행한 일 모두를 포함한다. 일반인들의 꿈에 대한 이런 생각은 태몽, 길몽, 흉몽이라는 표현에 잘 반영되어 있다.

흔히 이렇게 꿈이 앞날을 미리 알려준다고 믿고 있기에, 꿈에 관심이 더 생기는 법이다. 특히 이런 예지몽에 대한 믿음이 있는 사람들과 또 특별한 꿈을 꾸었다고 생각하는 사람들은 꿈의 의미를 알아내고 싶어 한다. 또 가까운 사람들에게 꿈 이야기를 하기도 하고, 장난삼아 꿈을 팔고 산다는 말을 생활 속에서 하기도 한다.

그런데 여기서 분명히 해둘 것은 앞으로 일어날 일을 미리 알려주는 꿈이 있다는 사실에 대해서 이의를 제기할 사람은 없을 것이다. 하지만 문제는 '모든 꿈이 그런 역할을 하는가? 또 한다면 어느 정도로 앞날의 일을 미리 알려주는 역할을 하는가?' 하는 것이다. 한편 '만일 모든 꿈이 그런 역할을 하는 것은 아니라면 어떤 꿈이 미래를 알려주는 예지몽이며, 또 꿈을 꾼 사람은 그것을 어떻게 알 수 있는가?'라는 질문이 생긴다.

● 어떤 꿈이
　앞날을 알려주는 걸까

결론부터 말하자면, 꿈 가운데는 분명히 앞날에 일어날 일을 미리 알려주는 것이 있으나, 모든 꿈이 그런 역할을 하는 것은 아니다. 엄밀히 말하자면, 우리가 꾸는 꿈 중에서 앞날을 예견하는 꿈은 오히려 우리가 일반적으로 생각하는 것보다 소수이다. 또한 앞으로 일어날 일을 미리 알려주는 꿈이라고 하더라도 우리에게 미래의 전부를 보여주지는 않는다. 꿈을 꾸는 사람이 많은 관심과 노력을 집중하는 중요한 사건이나 인간관계 등에 관한 주요 사안만 미리 알려준다고 할 수 있지, 모든 것을 다 알려주는 것은 결코 아니다.

문제는 '어떤 꿈이 앞날을 알려주는 꿈인지를 어떻게 아는가?' 하는 것이다. 안타까운 일이지만, 몇 가지 원칙을 제시하여 '앞날을 예견하는 꿈의 특성은 이렇다'라고 말할 수 있는 구체적 연구 결과는 아직 없다. 다만 어떤 꿈이 앞날을 예견하는 꿈인지는 실제 자신의 꿈을 가지고 꾸준히 해석하고, 그 후에 일어난 사건과 비교하는 과정을 통해서 밝혀지게 된다는 사실을 강조하고 싶다. 그러나 앞날을 예견하는 꿈의 경우는 꿈을 꾼 그 당시에 앞날과 연관 지어 해석하는 일이 용이하지 않으며, 꿈이 가리키는 사건이 이루어진 다음에야 그 의미가 확정된다.

경험적으로 볼 때 사람에 따라 차이는 있지만, 앞날을 예견하는 꿈인 경우 꿈을 꾼 사람이 그것을 알 수 있는 능력을 가지고 있는 것으로 보인다. 더 나아가 자신이 꾼 꿈에 대해 관심을 가지고 꿈을 해석하는 방법을 체계적으로 배울 때, 예지적인 꿈인지를 분별하고 해석하는 것이 가능하다는 것을 강조하고 싶다. 모든 일이 그렇듯이, 꾸준한 훈련만이 '꿈의 열쇠'의 주인이 되는 지름길이다.

앞에서 모든 인간의 삶은 꿈과 함께하는 삶이라고 했다. 이 말은 지구 상에 처음 모습을 드러낸 인간의 조상에게도 해당되는 말이다. 최초의 인간 조상이 꿈을 꾸는 존재였다는 사실과 관련하여, 인간의 발달을 연구하는 루이스 멈포드는 다음과 같이 말한다.

"우리 인간은 처음부터 꿈꾸는 동물이었다고 추론된다. 인간의 꿈은 풍부했으며, 인간이 단순한 동물의 한계로부터 벗어나도록 하는 요인으로 작용했을 것이다. 인간이 깨어 활동하는 삶 속에 있는 새로운 가능성을 볼 수 있게 해준 것이 다름 아닌 꿈이라는 사실은 크나큰 역설이다."

이 장에서는 꿈에 대한 더 깊이 있는 질문들을 통해, 인류의 역사와 함께하는 꿈의 궁금증에 대해 알아보기로 한다.

Part 4
꿈에 대한
더 깊이 있는
질문을 하다

HOW TO READ A DREAM

같은 주제의
꿈을 되풀이해서 꾸는 것은
무엇 때문일까

◆✕◆✕✕◆

　거의 대부분의 사람들이 저마다 특별한 주제의 꿈을 반복적으로 꾸는 것으로 알려져 있다. 가방이나 신발을 잃어버린다거나, 남자들의 경우 다시 군에 입대한다거나, 계속해서 쫓겨 다닌다거나, 길을 못 찾아 헤맨다거나, 어디를 가야 하는데 차를 못 탄다거나, 시험을 보는데 답이 안 써진다거나, 화장실에 들어가려는데 여러 가지 사정으로 들어갈 수 없다거나, 결혼식이 다가오는데 준비가 되어 있지 않은 상황이거나 하는 등등이 되풀이되는 꿈의 주제가 된다고 보고한다.

　이렇게 사람들이 같은 주제로 된 꿈을 반복적으로 꾸는 이유는 정서 작용과 관련이 있다. 사람들은 정도의 차이는 있겠으나, 예외 없이 심한 스트레스를 받거나 불행한 사건을 겪으면서 살기 마련이다. 이런 일을 겪는 동안 거의 대부분의 사람들은 그 사건이 불러일으킨 부정적인 감정에 취약한 상태가 되고, 심한 경우 그 상처에서 벗어나지 못한 채 살아가게 된다. 뇌신경과학에 의하면, 고통을 가져다준 트라우마는 뇌 신경세포들이 그 나름의 정서 처리 기제를 형성하게 한다. 그 후 유사한 정서를 경험할 때마다 그때 형성된 정서 처리 방식이 작동하기 때문에 쉽게 벗어나지 못하게 된다.

● 삶의 상황이 다르기 때문에
　꿈도 달라진 현재의 상황을 반영할까

　뇌에 깊이 새겨져 반복적인 정서를 불러일으키는 사건은 크게 두 가지 형태로 나눌 수 있다. 작은 사건이지만 어느 정도 오랜 기간에 걸쳐 같은 시련을 되풀이하여 당하게 되었을 때와, 일회적으로 일어난 사건이지만 그로 인해 받은 정서적 충격이 큰 경우이다.

　과거에 겪은 해소되지 않은 정서적 문제는 무의식의 깊은 곳에 잠재되어 의식의 표면으로 올라오기를 기다리고 있다. 그러다가 그 정서적 문제를 야기했던 것과 유사한 삶의 상황을 만나게 되면 자연스럽게 올라오게 된다. 되풀이되는 꿈은 이렇게 올라온 과거의 정서적인 문제를 표출하는 과정에서 꾸게 된다. 이는 인간의 삶은 항상 새로운 사건으로 채워지지만, 그 사건들이 불러일으키는 정서 반응은 항상 새로운 것이 아니라 이미 결정되어 있다는 것을 의미한다.

삶의 상황이 다르기 때문에 꿈도 달라진 현재의 상황을 반영하는 내용으로 꾸어야 한다고 생각할 수도 있다. 실제로 모든 꿈들이 새로운 상황에서, 새로운 재료를 이용하여, 새로운 내용을 보여준다. 같은 주제를 되풀이하는 꿈인 경우에도, 또 전혀 다른 상황인데도 과거 그런 상황을 처음 당했을 때 꾸었던 형상으로 된 꿈을 되풀이하지만, 그 내용이 똑같은 경우는 아주 드물다.

처음 상처를 안겨준 사건이 꿈에 되풀이되는 이유는 무의식 깊이, 정서 기억을 주관하는 뇌의 부위에 처음 사건의 형상이 자리 잡고 있기 때문이라고 할 수 있다. 이 처음 사건의 형상은 그 후에 같은 처지에 놓인 사람의 정서적인 문제를 잘 묘사해주었기 때문에 쉽게 꿈에 등장하게 된다. 그리고 그 후에 유사한 정서를 불러일으키는 상황이 되면 처음 꿈에서 사용했던 그 형상을 이용해서 정서적으로 같은 상황에 처해 있다는 것을 표현하게 된다.[11]

---

11 Ullman, M. & Zimmerman, N. (1979). 40.

꿈에 나오는 동일한 형상은
모든 사람에게
같은 의미를 나타낼까

◆▩◆▩◆

　일반인들이 꿈의 의미와 관련하여 가지고 있는 가장 보편적인 생각은 꿈 꾼 사람에 관계없이 같은 형상은 언제나 같은 의미를 나타낸다는 것이다. 흔히 돼지꿈을 꾸거나, 집이나 공장에 불이 나서 타는 꿈을 좋은 꿈이라고 받아들여 사업이나 원하는 일이 잘되리라고 기대한다. 또 꿈에 똥을 보거나 밟으면 돈이 들어오거나 횡재할 꿈이라고 생각한다. 이와 반대로 이, 머리카락, 손톱, 눈썹 등이 빠지거나 신발, 모자 등을 잃어버리는 꿈은 모두가 흉몽으로 불길한 일이 일어날 징조로 해석한다. 이 외에도 용을 보는 꿈, 조상이 나타나는 꿈 등에 대해서는 그것이 무엇을 의미하는지 이미 정해져 있는 것처럼 해석한다.

　집에 불이 난 꿈을 꾸면 부자가 되거나 사업이 불길처럼 일어날 것이라든가, 좋은 일이 생길 징조라는 해석은 일부 소수의 사람들에게, 아주 제한적인 경우에 한해서 들어맞을 수도 있다. 달리 말하면, 집에 불난 꿈을 꾸는 사람들은 누구든지 장사가 잘되거나 대박을 터뜨리는 의미로 해석할 수는 없다는 뜻이다. 구체적으로 불이 나서 집을 잃어버린 안 좋은 경험이 있는 사람의 경우, 불이 나는 꿈은 그 사람에게 현실의 경험과 연관된 부정적인 의미를 지니는 상징으로 작용하게 된다. 그 이유는 같은 상징에 대해 사람마다 다른 경험이 있으며, 다른 의미를 부여하기 때문이다. 결과적으로 꿈에 나오는 상징을 하나의 의미로 고정시켜 해석하는 것은 그 꿈의 의미를 왜곡시켜버릴 가능성이 높다.

이런 이유로 꿈에 나오는 형상은 사람마다 다른 의미를 지니고 있는 것으로 간주해야 하고, 그 사람이 개인적으로 부여하는 의미를 파악해야 한다. 그래야 꿈이 올바르게 이해된다.

● 돼지꿈은 항상 같은 의미일까

물론, 같은 문화권에 사는 사람들이 같은 형상에 대해 유사한 의미를 부여하거나, 또는 같은 생리적인 현상에 대해서 비슷한 의미를 부여하는 것은 보편적인 현상이다. 이로 인해 꿈에 나타난 동일한 형상은 사람에 관계없이 동일한 의미를 가지는 경우도 있다. 예를 들어

'대변을 보는 꿈'은 많은 경우 정서를 해소하는 의미를 나타낸다고 볼 수 있다. 이는 그것이 모든 사람에게 해당되는 보편적인 생리적인 현상으로, 많은 사람이 불필요한 것을 해소한다는 의미를 부여할 가능성이 높기 때문이다.

상징의 의미가 사람마다 다르다는 것을 좀 더 분명하게 하기 위해, 서로 다른 종교를 믿고 있는 사람과 또 서로 다른 문화에서 살고 있는 사람들을 비교해보자. 기독교인에게 있어서 뱀은 사악하고 간교한 동물로 상징되지만, 뱀을 숭배하는 문화권의 사람들에게 뱀은 지혜의 상징이다. 이들이 각각 뱀이 나오는 꿈에 대해 서로 다른 의미를 부여하는 것은 당연하다. 그러므로 같은 형상이 꿈에 등장했다 하더라도, 그 형상이 모든 사람들에게 항상 같은 의미를 나타내는 것은 아니다.

뿐만 아니라 경험을 통해서 알 수 있는 사실은, 한 사람이 꿈에 돼지를 보았다고 해서 그 돼지꿈이 항상 같은 의미를 지니고 있지도 않다는 것이다. 즉, 한 사람의 꿈에 나타나는 같은 형상이라고 해서 항상 같은 의미를 지녔다고 할 수 없다. 이는 같은 형상이라고 해서 모든 꿈마다 똑같은 모습으로 나타는 경우는 거의 없기 때문이다.

그러므로 꿈의 전체적인 내용과 그 꿈을 꾸게 되었을 당시의 현실적 상황과 꿈에 나타난 형상의 특징, 그리고 그 꿈과 함께 경험하게 되는 감정 등의 요인에 따라 같은 형상도 다른 의미를 나타낼 수 있다는 점을 명심해야 한다.

내가 원하는 대로
꿈을 꾸는 것은
가능할까

◆✕◆✕◆✕◆

꿈이 앞날에 일어날 일을 알려준다고 믿거나, 자신에게 초능력이 있다고 믿는 사람들 중에는 자기가 원하는 대로 꿈을 꿀 수 있다고 주장하는 사람이 간혹 있다. 꿈에 나타난 대로 앞날의 일이 이루어지는 것이라면, 자기가 원하는 대로 꿈을 조작하여 미래를 원하는 대로 만들 수 있다는 생각에서다.

사람들이 이렇게 생각하는 이유의 하나는 꿈을 의식과 의지의 통제 아래 있는 것으로 잘못 이해하고 있기 때문이다. 꿈의 신비는 꿈을 꾸는 사람이 꿈의 주인인 것은 분명하건만, 그 꿈을 자기 마음대로 통제할 수 없다는 데 있다. 달리 말하면, 각자 자기가 꾸는 꿈의 주인이지만 꿈은 그 주인 마음대로 꿀 수 있는 것이 아니다. 마치 꿈꾼 사람과 독립된 다른 주체가 있어서 그 주체가 마음대로 꿈을 꾸는 것 같다고 해야 할 것이다.

그렇다면 그 꿈의 주체가 꿈꾸는 사람이 아니라는 말인가? 꿈의 내용과 꿈을 꾸는 데 필요한 여러 가지 기능이 꿈꾸는 사람의 것이 아닌가? 결코 그렇지 않다. 이 모든 것은 다 꿈꾸는 사람의 것이다. 전통적으로 정신분석학자들 가운데는 이와 같은 꿈의 작용을 가리켜 꿈을 꾸는 사람의 무의식이라고 표현하기도 한다.

● 상담을 통해
  꿈의 내용이 바뀐 사례

오늘날 발달한 뇌신경과학의 연구로 꿈을 꿀 때 작용하는 뇌의 부위와 깨어 있을 때 작용하는 뇌의 부위가 다르다는 사실이 밝혀졌다. 잠자는 동안은 사고하는 의식의 통제를 벗어나 감정과 감각 기관을 주관하는 뇌의 부위가 꿈꾸는 작용을 주관한다.

꿈은 사고 작용을 벗어나 있어 우리가 원하는 대로 꿈의 내용을 조종할 수 없으나, 그렇다고 꿈이 우리의 삶과 무관한 것이 아니다. 우리의 관심을 끌고, 우리의 정서를 불러일으키고, 우리의 호기심을 사로잡고 있는 것에 관해 우리의 정서를 지배하는 뇌의 작용으로 우리는 꿈을 꾼다.

비록 우리가 개개의 꿈을 각자 원하는 대로 꾸도록 조정하는 것은 불가능하지만, 꿈을 이용한 심리치료나 꿈을 통해 자신을 이해하는 작업을 통해서 우리가 꾸는 꿈의 내용 자체를 근본적으로 바꿀 수 있다. 필자(김정희)의 내담자가 상담과정에서 보고한 꿈을 간단하게 소개하는 것으로 예를 들어보고자 한다.

이 내담자는 꿈에서 **매우 불안하고 두렵고 답답한 상황에서 SF영화에 나오는 괴물들에게 쫓기는 꿈을 반복적으로 꾸었다.** 상담을 통해서 그 꿈을 꾸게 되는 원인을 찾아 그 문제에서 점차 벗어나고 마음이 편해지면서 꿈의 내용도 변했다. 마지막으로 보고한 꿈은 **똑같이 쫓기는 상황이기는 하지만, 자신을 쫓아오는 대상이 SF영화에 나오는 괴물이 아닌 남자의 형상으로 변했고 쫓기면서도 거의 불안하지 않았다고 보고했다. 더 나아가 쫓아오는 사람이 경찰에 붙잡혔는데, 순순히 자기 잘못을 시인하고 체포된 꿈**을 보고했다. 이처럼 한 사람이 정서적으로 변하고 성숙해 감에 따라 전체적인 꿈의 내용과 꿈에서 경험하는 정서 역시 변하게 된다.

꿈과 깨어
활동하는 현실은
어떤 관계가 있을까

◆×◆×◆

사람들은 일반적으로 '꿈이란 현실과는 별 상관이 없는 것'으로 생각하는 경향이 있다. 꿈의 세계는 단지 꿈일 뿐, 현실과는 동떨어진 허구라는 생각이 지배적이다. 경험적으로 그럴 수밖에 없는 것이 극소수의 예외적인 경우를 제외하고, 꿈은 항상 현실과는 다른 모습으로 나타난다. 이뿐만 아니라, 꿈에서의 사건은 깨어있을 때 경험하는 것처럼 실제적인 경험으로 일어나지 않는다는 것을 알기 때문이다.

그렇다면 과연 꿈이란 현실과는 무관한 것일까? 비록 꿈이 깨어 활동하는 현실은 아니라고 하더라도, 꿈은 어떤 형태로든 철저히 현실을 반영하는 것이다. 물론 꿈을 꾼 그대로 현실의 상황이 전개되는 경우는 없지만, 꿈은 현실과 떼려야 뗄 수 없도록 밀접하게 관련되어 있다.

이런 사실을 알기 쉽게 바둑의 비유를 들어 설명해 보자. 두 명의 프로 기사들끼리 바둑을 두는 장면을 중계해주는 프로그램에서 그들이 한 수, 한 수 놓는 것은 실제로 벌어지는 사건이다. 그러나 해설자는 이때 실제적인 사건만을 중계해주지 않는다. 앞으로 어떤 수를 놓게 될 것인지를 예상하기도 하고, 이미 놓은 수가 어떤 의미를 가지고 있는지를 다양하게 설명해준다.

● 바둑의 해설자와
    시청자와의 관계처럼

꿈과 깨어 활동하는 현실을 여기에 비유해 보면 꿈이란 바둑을 설명해주는 해설자의 역할을 하고, 살아가는 현실은 한 수 한 수 놓는 실제 바둑에 해당한다. 여기서 해설자는 꿈을 꾸는 사람 자신이다. 이때 꿈은 현실의 삶을 설명해주되, 많은 경우 이미 지나간 경험이나 사건이 지니고 있는 여러 가지 의미를 자신만의 독특한 형상을 이용하여 보여준다.

이것은 마치 바둑의 해설자가 이미 놓은 수가 지닌 의미를 모르는 시청자들에게 설명을 해주는 것과 같다. 뿐만 아니라 어떤 경우에 꿈은 앞으로 일이 어떻게 진행될지를 미리 보여주기도 한다. 이것은 바둑의 해설자가 앞으로 어떤 수를 놓을 것인지 예측하는 것과 같다고 할 수 있다.

　여기서 차이가 있다면 꿈은 꿈꾼 사람이 자신의 일을 스스로 자신에게 설명하는 것이기 때문에, 해석만 제대로 한다면 언제든지 적합하다는 것이다. 이에 반하여, 바둑을 해설하는 사람은 어디까지나 자신의 주관적인 입장에서 바둑 기사의 마음을 대변하는 것이기 때문에, 이미 놓은 수에 대한 설명이나 앞으로 놓을 수에 대한 예측이 틀릴 수 있다는 것이다.

　이렇게 바둑을 해설하는 사람이 바둑이라는 현실 사건을 설명하듯이, 모든 꿈은 꿈을 꾸는 사람이 살아가는 삶의 현실이나 그 사람의 심리 상태를 반영한다. 이 때문에 비록 꿈은 현실이 아니라고 하더라도, 현실과 관계없는 것이 결코 아니다. 꿈은 내가 지금 어떤 마음으로 살아가는지를 있는 그대로 보여준다. 그래서 꿈은 현실의 삶을 더욱 충실하게 살도록 도와주는 가장 지혜로운 도우미의 하나이다.

꿈의 의미를
가장 잘 아는 사람은
누구일까

◆❯❯◆❯❯◆

    대부분의 사람들은 꿈을 꾸지만, 그 의미를 모른다. 이 때문에 꿈을 무시하며 살아가는 한편, 부정적인 정서를 불러일으킨 꿈을 꾼 후에 뭔가 불안한 기분을 경험하기도 한다. 그러다가 어떤 꿈이 불길하다고 생각되거나, 보통의 꿈과는 다른 아주 특별한 것으로 느껴질 때는 그 꿈의 의미에 대해 매우 궁금해 한다.

    사람에 따라 다르지만, 종일 꿈 때문에 시달리는 수도 있다. 그리고 꿈의 의미를 알기 위해 해몽 책을 뒤적이기도 하고, 아주 답답한 경우는 인터넷에서 해몽을 해주는 홈페이지에 접속해서 알아본다. 또 때로는 용하다는 해몽가를 찾아가서 꿈의 의미를 물어보기도 한다. 이렇게 해서 꿈에 대한 의문을 해소하는 경우도 있지만, 대부분의 경우 미진한 상태로 그냥 넘어간다.

분명히 꿈은 내가 꾸었건만, 내가 꾼 꿈의 의미를 모른다는 것이 한편 이상하기도 하고 어처구니없게 느껴지기도 한다. 그러면서 '도대체 내가 꾼 꿈의 의미를 내가 모르면 누가 안다는 말인가?'라는 질문을 던지게 된다.

내가 꾼 꿈의 의미는 누가 가장 잘 아는 것인가? 전통적인 방법으로 꿈풀이를 해주는 해몽가인가? 아니면 심리학자나 상담자인가? 이도 저도 아니면 누구란 말인가? 이에 대한 답은 이미 나와 있다. 즉, 꿈에 대한 의미는 꿈을 꾼 사람이 가장 잘 안다.

● 자신의 꿈을
　제대로 이해할 수 있으려면

어찌 보면 모순된 주장 같지만, 사실이 그러하다. 꿈은 꿈을 꾼 사람이 가장 잘 알게 되어 있다. 해몽가도, 현대 심리학의 꿈 이론에 근거한 꿈 분석자도 다른 사람이 꾼 꿈의 의미를 정확하게 알 수 없는 일이다. 전문적인 심리치료자들도 꿈을 꾼 사람이 꿈의 의미를 스스로 이해하도록 도울 수 있을 뿐이지, 꿈의 정확한 의미를 알려줄 수 없다.

뿐만 아니라, 상담 전문가라 할지라도 꿈의 의미를 해석함에 있어서 꿈꾼 사람의 도움을 받지 않고서 적절한 꿈의 의미를 알아내는 것은 거의 불가능하다. 또 설혹 전문가가 꿈의 의미를 안다고 하더라도 꿈꾼 사람이 그 의미를 받아들이지 않으면 아무런 도움도 주지 못하고, 그런 해석은 아무런 의미도 없게 된다.

그렇다고 꿈을 꾼 사람이 저절로 자신이 꾼 꿈의 의미를 알 수 있는 것은 아니다. 사람에 따라서 자신이 꾼 꿈의 의미를 더 잘 아는 사람이 간혹 있을 수 있다. 그렇지만 일반적으로 꿈의 의미를 알기 위해서는 꿈을 해석하는 방법에 대해 합리적이고 체계적으로 배워야 한다. 또한 전문가의 도움을 받거나, 전문적인 서적을 통해 실제로 자신의 꿈을 해석하는 훈련을 해야 한다.

이런 훈련을 거치지 않은 사람이 자신이 꾸는 꿈을 제대로 해석하는 것은 어렵다. 훈련과 실습을 통해 자신의 꿈을 제대로 이해할 수 있을 때, 누구든지 자신이 꾼 꿈에 관한 한 그 의미를 다른 누구보다 더 잘 알 수 있다. 더 나아가 다른 사람들이 꾼 꿈을 스스로 이해할 수 있도록 도울 수 있게 된다.

꿈의 의미를 알면
어떤 유익한 점이 있을까

이제 꿈과 관련되어 가장 중요한 질문에 대해 답을 할 때가 되었다. 즉, 꿈의 의미를 알면 무슨 유익이 있는가 하는 질문이다. 이에 대한 대답은 다양하지만, 중요한 몇 가지만 언급하고자 한다.

첫 번째로 생각할 수 있는 유익한 점은 꾼 꿈에 대한 궁금증과 꿈이 야기한 여러 가지 불안에서 벗어날 수 있다는 것이다. 인간은 무엇이든지 모르는 것이 있으면 알고 싶어 하는 강력한 욕구를 가지고 있는데, 꿈에 대해서도 역시 동일한 호기심이 있다.

특별히 꿈이 불길하다거나 특이한 경우에 꿈의 의미를 알게 되면 마음이 대단히 후련해진다. 이렇게 꿈의 의미를 알게 될 경우 궁금증에서 벗어날 수 있을 뿐만 아니라, 꿈이 야기한 불안과 두려움 등과 같은 자신을 힘들게 하는 정서에서 벗어날 수 있다.

이와 관련하여 실제 사례를 하나 소개한다. 필자가 아이를 가졌을 때 아내가 꾼 꿈으로 소위 태몽이며, 그 내용은 이렇다. **조금 작은 듯한 하얀 달걀 두 개가 내 손바닥 위에 놓여 있는데, 달걀에서 환한 빛이 난다.** 이 꿈을 꾸었을 때에는 마침 집에 친척 어른이 다니러 와 계셨다. 아내가 이 친척 어른께 이 꿈을 말씀드리자, 그분은 곧바로 "아들 낳겠다, 태몽이다"라고 말씀하셨고 그분의 해석대로 아들이 태어났다. 그런데 아내는 꿈에서 손바닥 위에 달걀 두 개가 놓여 있는 것을 두고, 자신이 아이를 둘 낳게 되리라고 해석했다. 불행히도 두 번째 아이는 임신 3개월도 못 되어 자연 유산이 되었고, 그 후에는 더 이상 아이를 갖지 않았다.

그렇지만 이 꿈이 종내 아내의 마음에서 떠나지 않았다. 분명히 두 개의 달걀을 받았으면 두 명의 아이가 있을 텐데, 왜 하나뿐일까? 이런 의문과 함께 혹시 하나뿐인 아들의 운명이 자연 유산된 둘째 아이의 운명처럼 성인이 되지 못한 채 알과 같은 상태에서 무슨 일이 생기는 것은 아닌가 하는 불안한 생각까지 가지게 되었다. 그것은 아이가 성인이 될 때까지 가끔씩 찾아오던 불안이었다.

아내가 아이의 태몽과 관련한 이런 찜찜한 마음을 해소하지 못한 채, 20여 년 넘게 살아오던 어느 날이었다. 임신한 후배와 대화를 하게 되었는데, 그 후배가 태몽을 꾼 이야기를 하면서 자연스럽게 주제는 태몽으로 넘어갔다. 그러자 아내도 자신의 태몽을 이야기하면서 그 동안 마음속에 담아두고 떨쳐버리지 못했던 불안한 마음을 털어

놓았다.

그 말을 듣던 후배가 아내의 불안을 떨쳐버릴 수 있는 새로운 해석을 제시해주었다.

"언니, 그 꿈에서 본 달걀 두 개는 아들 둘을 상징하는 것이 아니고, 그 꿈을 꾼 당시에 낳게 될 아이가 아들이라는 뜻이야. 아들인 경우 주로 대추나 밤 같은 것들이 두 개 한 쌍으로 나타나는데, 사내아이의 불알이 두 쪽이라서 그런 거래."

이 해석을 듣는 순간, 아내는 태몽과 관련하여 자신이 오랫동안 떨쳐버리지 못했던 불안을 한방에 가볍게 날려버릴 수 있었다.

● 자신을 있는
   그대로 만날 수 있으려면

꿈의 의미를 알 때 얻는 두 번째 유익한 점은 앞날을 미리 대비할 수 있다는 것이다. 이는 구체적으로 예기적인 꿈의 경우를 두고 하는 말이다. 비록 예기적인 꿈이 소수에 불과하지만, 그 소수의 예기적인 꿈은 우리에게 일어날 일의 결과를 미리 알려주는 역할을 한다. 앞으로 일어날 일의 결과를 바꿀 수는 없으나, 미리 결과를 알고 대비하는 것만으로도 우리는 커다란 도움을 얻을 수 있다.

마지막으로 꿈의 의미를 알게 될 때 얻는 세 번째 유익한 점은, 크고 작은 마음의 상처에서부터 치유를 받을 수 있다는 것이다. 실제로 꿈 해석 작업을 통해서 가장 많은 도움을 받을 수 있는 것이 바로 이 세 번째 유익이다.

꿈 중에서도 같은 주제를 되풀이하는 꿈은 대부분의 경우, 과거의 사건에서부터 얻은 마음의 상처나 정서적 손상을 표현하고 있다. 이런 꿈의 의미를 이해하는 작업을 체계적으로 하면 그 사건을 일으킨 최초의 사건을 알게 된다. 그리고 나아가 그 당시에 해소하지 못한 감정을 풀 수 있어, 그로 인하여 입게 된 마음의 상처를 근본적으로 치유할 수 있다.

우리가 꾸는 꿈의 의미를 알 때 얻는 가장 큰 유익한 점은 자신을 더욱 잘 이해하게 된다는 것이다. 대부분의 사람들은 자기 자신을 잘 알고 있다고 생각을 하지만, 사실은 아는 것보다 모르는 것이 더 많다. 특별히 어떤 사건과 인간관계에서 일어나는 자신의 정서 작용에 대해서 정확하게 알아차리고 느끼는 것은 여간 힘든 일이 아니다.

그런데 많은 경우, 꿈은 우리가 일상생활을 하는 동안 여러 가지 이유로 알아차리지 못한 정서 반응과 우리의 생각을 세밀하게 알려 준다. 그러므로 꿈의 의미를 알게 될 때, 자신이 알지 못했던 자신의 새로운 면이나 능력을 더욱 잘 알 수 있다. 그 결과, 우리의 삶은 창조적으로 되며, 또 정서적으로 풍요롭게 된다.

사람은 누구든지 자신의 삶의 주인이 되어 주체적인 삶을 살아갈 때 가장 행복하고 건강한 삶을 살 수 있다. 꿈은 자신의 모습, 자신과 인간관계와 세계에 대한 자신의 사고와 감정 등을 걸러내지 않고 보여준다. 이러한 꿈의 의미를 알게 된다는 것은 자신을 그만큼 더 깊이 알게 되는 것이다. 자신을 그대로 만날 수 있을 때 자기 삶의 주인이 되어 살 수 있다. 이것이야말로 꿈의 해석이 가져다주는 가장 큰 유익한 점이다.

일반적으로 말해 현대 과학
문명의 발달과 함께 꿈에 대한 일반
인들의 관심이 크게 줄어들었다. 그러나 그
전까지 사람들은 자신들의 꿈에 크게 매료되었
으며, 꿈의 정체를 탐구하려고 나름대로 노력해 왔
다. 그들이 꿈에 대해 매력을 느끼게 된 결정적인 이유
는 꿈 현상 자체와 꿈에 나타나는 여러 가지 형상들이 신
비하다는 것과 꿈이 어떤 형태로든 인간들에게 영향력을
행사한다는 데 있었다.[12]

꿈에 대한 고대인들의 관심사는 꿈은 어디서 오는 것이
며, 그 의미를 어떻게 알 수 있는가 하는 물음에 집중
되어 있었다. 이 물음에 대한 답에는 그들의 신화적
세계관이 반영되어 있다. 세계 각 지역의 고대
인들이 꿈을 어떻게 이해했으며, 어떻게
이용했는지를 알아보도록 한다.

12 Ullman, M., & Zimmerman, N. (1979). Work-
ing With Dreams. New York: A Dell/Eleanor
Friede Book. 48.

Part 5
고대인의
꿈을 읽다

How To Read A Dream

고대 메소포타미아인의 꿈

◆※◆※◆

꿈에 대한 인류 최초의 기록은 인류 문명 발생지의 하나인 고대 메소포타미아 지방에서 찾아 볼 수 있다. 그리고 그 인근에 펼쳐져 있는 이집트와 이스라엘 등의 고대 문화에도 꿈에 대한 기록이 남아 있다.

메소포타미아인들이 토기 조각에 남긴 기록에 의하면, 지금부터 4, 5천 년 전(B. C. 3,000년에서 2,000년 사이)에 이미 그들은 일정한 양식에 따라 꿈을 보고한 것으로 나타났다.

이 양식에는 다음과 같은 정보가 포함되어 있다. 꿈을 꾼 사람, 꿈을 꾼 장소, 그 당시 상황, 꿈의 내용, 꿈의 결말, 꿈에 대한 꿈꾼 사람의 반응, 그리고 꿈에서 약속하거나 예언한 바가 결과적으로 현실에서 어떻게 되었는가에 관한 것이다.

이런 그들의 노력은 오늘날 꿈을 연구하는 학자들이 보기에도 상당히 합리적으로 꿈에 접근한 것으로 드러난다. 꿈에 관한 고대 근동 지방의 기록을 연구한 학자에 의하면, 메소포타미아인들을 포함한 근동 지방 사람들은 꿈을 세 종류로 분류하여 이해했다. 신으로부터 오는 신탁을 전하는 메시지 꿈, 예언적인 꿈, 그리고 상징적인 꿈이다.

● 상징적 꿈에 대해 말하는 것을 금지한 이유

신으로부터 오는 메시지 꿈은 주로 왕들이 꾸는 것으로 되어 있다. 신적 존재나 그의 대리자가 왕의 머리 곁에 나타나 왕에게 개인적으로 중요한 사건에 관한 메시지를 전하고 사라진다. 이와 동시에 꿈을 꾸는 사람은 잠에서 깨어 일어나 꿈에서 지시받은 대로 실천에 옮긴다.

예언적인 꿈은 주로 꿈꾸는 사람의 개인적인 미래를 계시하는 내용의 꿈이다. 이때 꿈에 나타나는 특정한 형상을 어떤 일이 일어날 예언의 징조로 받아들인다. 예를 들어 날아다니는 꿈은 재앙을 예고하는 것, 술을 마시는 꿈은 수명이 짧은 것, 물을 마시는 꿈은 오래 살게되는 것을 예언하는 것으로 풀이했다. 이 외에도 꿈에 죽은 사람이 누군가와 키스를 하면 그와 가까운 사람이 죽게 될 것을 의미하며, 자신의 소변을 스스로 끼얹는 꿈은 자기가 말한 것을 잊어버리게 될 것을 의미하는 것이라고 해석했다.

마지막으로 상징적인 꿈은 신, 별, 사람, 동물, 그 밖의 수많은 사물들이 희한한 상호작용을 하는 꿈으로 그 내용이 복합적이라는 특성이 있다. 그들은 이러한 상호작용이 꿈꾸는 사람의 개인적인 역동을 표현하는 것으로 이해했다. 그들은 상징적인 꿈을 위험한 것으로 간주했으며, 질병과 악마적 세력과의 조우를 가리키는 것으로 생각했다. 그래서 상징적 꿈에 대해 논하거나 그 내용을 기록하는 것을 금했는데, 이는 불행을 가중시키게 된다는 미신적인 두려움 때문이었다.

나아가 그들은 상징적 꿈이 가져 올 불행을 미연에 차단하기 위한 조치를 취했다. 먼저 부적과 액막이를 이용하여 사람들이 상징적인 꿈을 꾸지 않도록 시도했다. 그러나 일단 이런 꿈을 꾸었을 경우에는 꿈이 가져올 나쁜 결과를 막아내기 위하여 특정한 의례를 거행했다.[13]

꿈에 대한 메소포타미아인들의 기록을 통해서 알 수 있는 것은 다음과 같이 정리해 볼 수 있다. 그들은 꿈이 전해주는 메시지와 그것이 앞날에 대해 암시하는 바를 나름대로 이해하려고 노력했으며, 꿈이 알려주는 미래의 불행을 막으려고 했다는 것이다. 결론적으로 이들은 꿈을 문제 해결의 실마리를 제공하는 것으로 받아들였고, 재앙을 가져다주는 징조로 이해했다.

---

13 Hill, C. E. (1996). Working with Dreams in Psychotherapy. New York: The Guilford Press. 26.

고대 이집트인의 꿈

◆※◆※◆

고대 근동 지방의 사람들이 모두 꿈에 대해 지대한 관심을 보여 주었지만, 그중에서도 빼놓을 수 없는 것이 이집트인들의 꿈에 대한 관심이다. 기본적으로 이집트인들은 꿈을 신이 인간에게 유익한 정보를 제공하는 수단으로 이해했다. 그들은 단순히 신으로부터 도움이 오기를 기다린 것이 아니라, 꿈을 통해서 신의 도움을 받고자 적극적으로 노력했다. 그들은 원하는 꿈을 얻을 수 있는 방법으로 '꿈 배양(incubation of dream)' 기술을 고안했다.

고대 이집트인들이 꿈을 얼마나 중요시했으며, 또 꿈 배양이 얼마나 보편적으로 행해지고 있었는지는 다음과 같은 사실을 통해 잘 알 수 있다. 어떤 사람이 여러 가지 사정으로 인해 꿈 배양을 위해서 직접 신전을 찾아 갈 수 없는 경우에는 대리자를 보내서라도 꿈에 관한 답을 얻어 오도록 했다고 한다.

꿈 배양은 신전에서 이루어졌는데, 그곳에는 꿈 배양을 도와주고 꾼 꿈을 전문적으로 해석해주는 제사장들이 상주하고 있었다. 이들은 '비밀스러운 일의 대가' 혹은 '마술 도서관의 학자'로 불렸으며, 자신들의 사무실 문 앞에 자신을 소개하는 간판을 내걸고 영업을 했다.[14]

이집트인들이 실행한 꿈 배양 방법은 비교적 간단하다. 질병에 시달리거나, 정신적으로 혼란을 겪는 사람이 꿈을 통해 신의 지혜를 얻고자 할 때에는 신전으로 가서 꿈 전문 제사장에게 조언을 구한다. 제사장은 지시를 하고, 이에 따라 그 사람은 금식을 하고 다양한 주문으로 기도를 하거나 꿈을 유발하는 것으로 믿는 약물을 마시고 신전에서 잠을 잔다. 그렇게 하여 꿈을 꾸게 되면 제사장에게 꿈을 보고했으며, 제사장은 꿈의 지시대로 치료를 위한 처방을 알려주었다.

● 고대 이집트인들이
　꿈을 해석하는 세 가지 규칙

고대 이집트인들 역시 꿈과 그 해석을 기록으로 남겨 두었다. 지금부터 5천여 년 전에 기록된 것으로 추정되는 〈체스터 비티 파피루

14　Van de Castle, R. L. (1994). Our Dreaming Mind. New York: Ballantine Books. 55.

스 III)에는 230여 개의 꿈의 내용과 그에 대한 해석이 기록되어 있다. 여기에 기록된 꿈들은 크게 좋은 꿈과 나쁜 꿈이라는 두 개의 범주로 구분이 되어 있다. 이집트인들은 꿈을 해석하는 세 가지 규칙을 정해 놓았다.

첫째는 꿈과 반대되는 의미를 부여하는 방법이다. 자신이 죽는 꿈은 오래 살게 될 것이라는 의미로 받아들이는 것이 그 예이다. 둘째는 꿈의 내용과 부합하는 아이디어나 단어를 연상하는 방법이다. 손톱을 깎는 것은 손에서 뭔가 떨어져 나가는 것을 연상시키므로, 꿈 꾼 자의 손에서 그의 일이 떨어져 나가는 것으로 해석하여 일을 그만두게 됨을 의미한다고 했다.

마지막으로 꿈으로 표현된 형상을 나타내는 단어와 유사한 모양의 단어를 찾아 꿈의 의미를 해석하는 '언어유희(pun)' 방법이다. 고대 이집트어에서 '궁둥이'를 뜻하는 단어는 '고아'를 의미하는 단어와 아주 유사하다. 이를 근거로 꿈에서 자신의 궁둥이를 드러내거나 보게 되면, 부모가 죽고 자신은 고아가 된다는 것을 의미하는 것으로 해석했다.

고대 이스라엘인의 꿈

　고대 근동 지방 사람들의 꿈 이해 중에서 가장 쉽게 접할 수 있는 것은 『구약성서』에 기록된 고대 이스라엘인들의 꿈 이해이다. 지리적으로 이스라엘은 이집트와 메소포타미아 지방을 연결하는 가교 역할을 하는 곳에 위치해 있었다. 이러한 이유로 여러 가지 면에서 이 두 지역의 영향을 받았으며, 꿈에 대한 이해도 예외가 아니다. 그러나 이스라엘은 그들만의 독특한 유일신 신앙을 발전시켰고, 이 신앙적 특성이 꿈 이해에도 반영되어 있다.

　유일신 신앙을 바탕으로 하는 고대 이스라엘인들의 꿈 이해를 보여주는 대표적인 일화를 『구약성서』 다니엘서에서 찾아 볼 수 있다.

　유대 청년 다니엘이 바벨론에 포로로 잡혀가서 그곳에서 살던 때의 일이다. 바벨론의 느부갓네살 왕이 하루는 꿈을 꾸었으나, 그 꿈의 내용을 도무지 기억해 낼 수가 없었다. 그렇지만 그 꿈이 자신을 너무나 심란하게 만들었기에, 꿈과 그 의미를 알지 않고는 못 견딜 지경이 되었다. 그는 명을 내려 자신의 꿈과 그 해석을 알려주는 사람이 없으면 그 직책에 종사하는 사람들을 모두 죽여버리겠다고 선언했다.

꿈과 함께 그 해석도 알게 하라는 왕의 무리한 요구에 바벨론의 제사장, 술사들, 해몽가들 어느 누구도 나설 수가 없었다. 많은 신하들이 목숨을 잃게 될 위기 상황에서 유대 청년 다니엘은 자청하여 왕 앞에 나가 왕의 궁금증을 시원하게 풀어주었다. 다니엘은 먼저 왕에게 꿈의 기원과 그 꿈의 기능에 대해 다음과 같이 설명을 했다.

왕께서 신하들에게 요구한 것은 아주 은밀한 일로 그것은 어떤 인간이라도 결코 알 수 없고, 오로지 하늘에 계신 이스라엘의 하나님만이 그 은밀한 것을 분명히 드러낼 수 있습니다. 왜냐하면 왕께 그 은밀한 일을 나타낸 분은 하나님이시기 때문입니다. 왕의 꿈에, 다시 말해 왕께서 침상에서 주무실 때 뇌 속으로 받은 이상은 다름 아니라 앞으로 일어날 일을 하나님께서 은밀히 알려주신 것입니다. 이는 왕께서 잠들기 전에 앞으로 될 일에 대해 생각한 것에 대한 응답으로 하나님께서 알려주신 것입니다.[15]

---

15 『구약성서』 다니엘서 2:25-30. 계속해서 다니엘이 들려주는 왕의 꿈 내용과 그 의미에 대한 해석은 다니엘서 2장 31절부터 45절까지의 내용을 참조할 것.

꿈의 기원에 대한 다니엘의 설명 가운데 흥미로운 점은 '꿈이란 꿈을 꾼 사람이 깨어 있을 동안에 생각을 한 것에 대한 반응으로 주어진다'는 것이다. 이는 '꿈이 현실을 반영한다'는 현대적 꿈 이해와 근본적으로 부합한다. 그리고 다니엘은 꿈 해석이란 꿈꾼 사람이 깨어 있을 때 생각한 바를 이해하도록 하는 것이라고 했는데, 이는 꿈의 의미가 이미 꿈꾼 사람의 마음에 있다는 것을 암시하는 것이다. 꿈 해석에 대한 고대 이스라엘인들의 이런 생각은 현대의 꿈 심리학에 의해 뒷받침되고 있다.

● 고대 이스라엘인들에게
   꿈을 해석하는 사람의 역할이란

고대 이스라엘인들의 꿈 이해는 그들의 유일신 사상으로 채색되어 있다. 이런 특징은 하나님이 그가 택하신 백성인 이스라엘과 접촉하고, 그들에게 필요한 지침을 주는 수단으로 꿈을 이용하고 있다는 이해에서도 잘 드러난다. 『구약성서』 창세기에 나오는 야곱의 꿈 이야기는 하나님이 꿈을 통해 그의 백성들과 대화를 한다는 것을 보여주는 아주 좋은 예이다.

이스라엘 민족의 조상인 아브라함의 손자요, 이삭의 둘째 아들인 야곱은 그의 쌍둥이 형의 미움을 받아, 아버지 집을 떠나 메소포타미아 지방에 있는 그의 외가를 향해 홀로 여행을 떠나야 했다. 여행 첫 날밤에 그는 아무도 없는 광야에서 외롭게 잠을 자게 되었고, 그날 밤에 꿈을 꾸었다.

그는 자기가 자는 곳에 하늘로 연결되는 사다리가 놓여 있는 것을 보았는데, 그 꼭대기는 하늘에 닿아 있었다. 또 그 사다리를 통해 하나님의 사자들이 하늘로 올라갔다 내려왔다 하는 것을 보았다. 그 위쪽을 보자 야훼 하나님이 서 있다가 야곱에게 말했다. "너의 자손들이 온 땅에서 번성할 것이며, 하나님이 네가 가는 곳마다 함께 하여 너를 지켜 보호할 것이며, 마침내 너를 네 조상의 땅으로 데리고 올 것이다"라고 했다.[16]

야곱의 꿈에 나타난 사다리는 유대인의 전통에서는 꿈을 상징하는 것으로 해석한다. 이렇게 유대인들은 꿈을 하나님과 그의 백성을 연결하는 도구라고 믿었다.

고대 이스라엘인들의 꿈 이해에서 중요한 역할을 하는 것은 꿈을 해석하는 사람이다. 다니엘의 일화에서 본 것처럼 꿈 해석은 아무나 할 수 있는 것이 아니라, 하나님으로부터 꿈을 해석할 수 있는 지혜나 능력을 받은 자들의 몫으로 간주되었다. 이렇게 꿈 해석을 전문가의

---

16 『구약성서』 창세기 28:10-15.

몫으로 제한하면, 꿈은 전문가의 사욕이나 개인적인 목적을 위해 잘
못 해석될 수 있는 소지를 지니게 된다. 이에『구약성서』는 꿈의 의미
를 알기 원하는 사람들이 해몽가를 선택하여 해석을 얻는 과정에서
주의를 기울일 것을 경고하고 있다.

● 『탈무드』의 꿈에 대한 가르침,
  "해석되지 않은 꿈은 뜯어보지 않은 편지와 같다"

『구약성서』에 기록된 고대 이스라엘인들의 꿈 이해는 후대로 내려
오면서 좀 더 다양한 형태로 발전했다. 유대인들의 지혜를 모아 놓은
『탈무드』는 이러한 발전을 보여주는 좋은 자료이다.『탈무드』에 의하
면 꿈은 더 이상 하나님으로부터 오는 것으로만 국한하여 생각하지
않는다. 그 대신 하나님의 사자들인 천사들, 다른 영적인 존재, 악령
및 죽은 자들이 꿈을 꾸도록 할 수 있다고 이해한다.

여기서 한 걸음 더 나아가, 탈무드 시대의 유대인들은 여러 가지
물리적 조건이 꿈을 꾸게 하는 요인으로 작용한다고 했다. 예를 들어
과식, 잠 잘 때에 느끼는 기온과 습도, 그리고 전날에 일어났던 사건
들이 꿈을 유발할 수 있다는 것이다. 뿐만 아니라 이런 외적인 조건은
꿈의 내용에도 영향을 미친다는 생각을 하게 되었다. 쾌적한 환경과
여유로운 상황은 기분 좋은 꿈을 꾸도록 하는 반면, 그 반대의 조건과

상황은 불쾌한 꿈을 꾸도록 한다고 했다.

물리적 조건이 꿈에 영향을 준다는 생각은 꿈 해석에도 새로운 가능성을 열어주었다. 꿈을 해석할 때에는 꿈꾼 사람의 성격, 그 사람이 처해 있는 삶의 정황, 나이, 직업, 경제적 여건, 심리적 및 신체적 건강 상태, 꿈꾸기 전날 밤의 기분 등을 고려해야 한다는 것이다. 뿐만 아니라 같은 꿈이라 할지라도, 다른 시각에서 다른 방법으로 해석될 수 있고 그 의미는 다양해질 수 있다는 사실을 인정했다.

꿈에 관한 탈무드의 가르침 가운데 랍비 히스다의 "해석되지 않은 꿈은 뜯어보지 않은 편지와 같다"는 말은 많이 인용되는 격언으로 유명하다. 그리고 랍비 조나단의 "꿈은 꿈꾼 사람이 마음으로 생각하는 바를 보여준다"는 말은 꿈의 심리적인 본질에 대한 통찰을 보여주는 것으로 유명하다.[17]

이 외에도 『탈무드』에는 꿈의 기제에 대한 중요한 설명이 실려 있다. 꿈은 한 사람의 인격 안에 있는 선한 경향과, 비도덕적이고 불순한 충동 사이에 일어나는 끊임없는 반목과 투쟁을 표현한다는 것이다. 꿈에 대한 이러한 탈무드의 가르침은 20세기 이후 발전된 과학적인 꿈 연구를 통해서 상당히 많은 부분이 합리적인 것으로 밝혀졌다.

---

[17] Van de Castle, R. L. (1994). Our Dreaming Mind. New York: Ballantine Books. 54.

고대 그리스인의 꿈

◆✕◆✕◆

고대 그리스인들의 경우, 초기에는 다른 근동 지역 사람들처럼 꿈이란 신이 인간에게 보내는 메시지라고 이해했다. 그리스 신화에 나오는 다양한 꿈 이야기는 이런 그리스인들의 꿈 이해를 보여주는 좋은 자료이다. 그들 역시 꿈을 통해 미래를 알고자 했으며, 병에 걸렸을 때 꿈을 통해 처방을 얻을 수 있다고 믿었다.

후대로 내려오면서 꿈에 대한 그리스인들의 관심은 꿈을 통해 질병 치료의 방법을 알아내는 것으로 모아지게 된다. 이를 위해 그들은 꿈 배양에 대한 가장 정교한 의례를 발전시켜 실행하기에 이른다. 꿈 배양은 전국에 흩어져 있는 신전에서 이루어졌으며, 그중에서도 가장 유명한 곳은 에피다우루스에 있는 아에스쿨라피우스 신전이

었다.[18]

꿈 배양 작업을 통해 질병에서 치유되기를 원하는 사람들은 신전으로 갔다. 그리고 그곳에서 요구하는 절차에 따라 꿈 배양을 위한 준비를 했다. 그들은 성 생활을 삼가고, 정결한 음식을 먹고, 차가운 물로 몸을 깨끗이 씻고 희생 제사를 드렸다. 저녁때가 되면 신에게 자신들이 원하는 꿈을 가져다주도록 기원한 다음, 잠자리에 들었다.

꿈 배양이 성공적인 경우에는 꿈에 신이 사람의 모양으로 변장해서 나타나 어떤 치료제를 사용할 것인지, 혹은 어떤 과정을 밟을 것인지를 알려주었다. 신이 뱀이나 다른 동물의 형태로 나타나 그 사람의 아픈 부위를 만져주는 꿈을 꾸면, 꿈꾼 사람은 깨어남과 동시에 병에서 치유된 것을 알게 되었다.

● 꿈을 기록해 놓은 가장 오래된 꿈 일지,
　『거룩한 가르침』

고대 그리스인들이 꿈 배양을 통해서 얻은 신의 지시가 구체적으로 어떤 것이었는지를 보여주는 좋은 자료가 남아 있다. 아리스티데

---

18 아에스쿨라피우스(Aesculapius)는 전설적인 치료자였다. 그의 의술이 뛰어났기 때문에 사람들은 그의 사후에 그를 의신(醫神)으로 추앙하여 섬겼다. 그리스 신화에 의하면 그는 심지어 죽은 자 조차도 살려냈다고 한다. 자연히 그를 섬기는 사당이 전국적으로 세워졌으며, 그의 사당이 있는 곳으로 꿈 배양을 위해 사람들이 몰려들게 되었다. Robert L. Van de Castle, 같은 책, 62.

스가 기록해 놓은 『거룩한 가르침(Sacred Teachings)』이라는 책이다.

이 책은 한 사람이 자신의 꿈을 기록해 놓은 가장 오래된 꿈 일지로 알려져 있다. 아에스쿨라피우스 신이 그의 꿈에 나타나 내린 지시 가운데는 다음과 같은 것들이 있었다. 얼어붙은 냇물에서 목욕을 하고, 영하로 내려간 날씨에 야외에서 진흙 목욕을 하고, 겨울에 맨발로 뛰도록 하는 것 등이 포함되어 있었다. 이런 내용은 다분히 참회적인 성격을 지닌 처방이라고 할 수 있다.[19]

꿈에 관심을 가진 그리스인들은 꿈 배양에 종사했던 관계자들과 일반인들만이 아니었다. 고대 그리스의 철학자들 역시 나름대로 합리적으로 꿈을 이해하려고 노력했다. 이런 그들의 생각은 현대 심리학자들의 꿈 이해에 영향을 주었다. 이들 가운데 꿈의 기원에 대한 새로운 견해를 제시한 철학자는 헤라클리투스이다. 그는 "사람이 잠을 잘 때, 자신만의 세계로 물러가게 된다"는 말로 꿈 현상을 설명했다. 이전까지 신이 꿈을 준다고 믿었던 고대인들의 생각과 비교할 때 놀랄만한 새로운 통찰이다.[20]

의학의 아버지라고 불리는 히포크라테스의 '꿈에 관하여'라는 글에는 그의 생각이 잘 정리되어 있다. 깨어 활동하는 동안에는 감각 기관이 활성화되어 있고 영혼은 수동적인 반면, 잠자는 동안에는 반대

---

19 Van de Castle, R. L. (1994). 62-63.

20 Ullman, M., & Zimmerman, N. (1979). Working With Dreams. New York: A Dell/Eleanor Friede Book. 53.

현상이 일어나 영혼이 수동적으로 받기만 하는 것이 아니라 형상과 정서적 인상을 만들어 낸다고 생각했다. 그는 꿈에는 예언적인 꿈, 진단적인 꿈, 그리고 심리적으로 계시적인 꿈이 있다고 믿었다. 특히 꿈의 심리적 측면과 관련하여 그가 말하기를 "우리가 '꿈에서 본다'고 믿는 모든 대상들은 영혼의 소원을 가리킨다"[21]고 했는데, 이는 '꿈이 소망 충족을 위한 것'이라는 프로이트의 주장과 일맥상통하는 것이다.

● 아리스토텔레스, "가장 뛰어난 꿈 해석자는
   유사성을 관찰할 수 있는 능력을 소유한 자이다"

플라톤 역시 꿈에 대해 관심이 있었다. 그는 정서적 측면에 초점을 두어 꿈을 설명했다. 모든 사람들 안에는, 비록 선한 사람일지라도, 야생동물과 같은 본성이 있는데, 그것이 잠잘 때 꿈으로 나타난다고 이해했다. 잠잘 때에는 이성의 기능이 일시적으로 중지되기 때문에, 욕망과 분노가 적나라하게 스스로를 드러낸다. 그 결과 살인, 근친상간과 같은 야만스런 꿈을 꾸게 되지만, 이성이 자극될 경우에는 도덕

---

21 Van de Castle, R. L. (1994). 64.

적으로 우월한 꿈을 꿀 수 있다고 했다.[22]

고대 그리스 철학자들 가운데 꿈에 대해 가장 혁신적인 주장을 한 사람은 바로 아리스토텔레스이다. 그는 먼저 꿈이 신으로부터 온다는 주장을 철저히 배격했다. 그는 자신의 주장을 입증하기 위해 다음과 같은 논리를 펼쳤다. 신은 전적으로 이성적인 존재이므로, 꿈이 신으로부터 온다면 오직 현명하고 이성적인 사람들만 꿈을 꾸어야 한다. 그러나 현실은 그렇지 않고, 모든 사람들이 꿈을 꾼다. 이로 보건대, 꿈은 신으로부터 오는 것이 아니라는 것이다.

그는 꿈이 감각의 활동으로부터 기인한다는 이론을 내세웠다. 그에 의하면 꿈이란 몸의 상태를 나타내는 감각적인 지시자이다. 그는 관찰을 통해 잠자는 동안 경험하는 사소한 감각이 꿈을 통해 강렬한 것으로 바뀐다는 사실을 알게 되었다. 잠자는 동안 사람들은 외부의 자극을 거의 못 느끼는 상태가 된다. 그러면서 내부의 신체 감각에 주의를 집중하게 되어, 작은 신체적 불편이라도 알아차리고 꿈에서 형상으로 표현하게 된다는 것이다.

이를 근거로 아리스토텔레스는 "의사들은 증상이 겉으로 아직 나타나지 않은 병이나 신체적 이상을 알려주는 지시자로 꿈을 이용할 수 있다"고 주장했다. 그의 이러한 주장을 400년 후인 A. D. 2세기에 활동한 그리스인 의사 갈렌(Galen)이 이어 받아 질병 치료에 적용

----

22 앞의 책. 64.

했고, 꿈에서 가르쳐준 지시대로 치료를 하여 많은 사람을 구했다고 한다.

다른 한편, 아리스토텔레스는 꿈과 깨어 있는 삶의 상관관계에 대해 주목할 만한 언급을 했다. 꿈에 나타난 형상이 깨어 있는 낮 동안의 사고를 위한 출발점이 된다는 것이다. 꿈에서 했던 것과 유사한 행동을 낮에 깨어 있는 상태에서 하도록 자극할 수 있다고 했다. 그가 이것을 통해서 설명하고자 한 것은 예언적인 꿈이 어떻게 가능한가에 대한 것이다. 예언적인 꿈이 현실과 아무런 관계없이 꾸어지는 것이 아니라, 이런 인과관계 안에서 꾸어지게 된다는 것이다.

이런 맥락에서 꿈의 해석과 관련하여 아리스토텔레스가 한 말을 주목해 보자.

"가장 뛰어난 꿈 해석자는 유사성을 관찰할 수 있는 능력을 소유한 자이다."[23]

유사성이란 꿈에 나타난 형상과 현실에 있는 사물이나 사건, 혹은 인물과의 '닮음'을 의미한다. 이런 그의 유사성에 대한 강조는 현대의 과학적인 꿈 해석에서도 아주 중요하게 여기는 부분이다.

---

23 앞의 책. 65.

고대 로마인의 꿈

고대 로마인들의 꿈 이해는 그리스의 영향을 크게 받았다. 그들 역시 꿈 배양을 위해 사당을 건립했으며, 꿈을 통해 치료를 받고자 하는 사람들이 그곳으로 찾아갔다. 그러나 철학자 키케로는 일반인들의 꿈 배양 행위를 미신적이라고 비판했다. 신이 진정으로 인간을 돕기 원한다면 인간이 깨어 있을 때 메시지를 알려주면 될 터인데, 굳이 꿈을 통해 알려줘 잊어버리게 하거나 이해하지 못하도록 할 까닭이 없다는 것이 그의 주장이었다.[24]

키케로는 '꿈이란 믿을 수 없다'는 것을 입증하기 위해 하나의 꿈을 여러 해몽가들이 해석하도록 시켰다. 그런 다음, 그 해석을 서로

---

24 Hill, C. E. (1996). 26-27.

비교하여 사람에 따라 해석이 달라진다는 것을 입증했다. 이를 근거로 그는 '꿈이란 다양하게 해석될 수 있고, 같은 내용의 꿈이라도 사람마다 다른 결과를 보여주기 때문에 꿈에서 어떤 질서나 규칙성을 발견하는 것은 불가능하다'고 주장했다.

비록 키케로는 꿈에 대해 비판적인 입장을 취했으나, 바로 그 로마인 가운데서 고대 서양인들의 모든 꿈 이해를 집대성한 사람이 나타났다. 그 사람은 에페수스 출신의 아르테미도루스이다. 그는 다섯 권으로 된『꿈의 해석(Oneirocritica)』이라는 책을 남겼다. 이 책은 고대에서 현대의 프로이트에 이르기 전까지 인류 역사를 통해 꿈에 대한 가장 위대한 작품으로 평가되고 있다.

그는 이 책을 쓸 목적으로 먼저 그가 입수할 수 있는 꿈에 관한 모든 책들을 수집했다. 뿐만 아니라 여러 해 동안 로마제국 전역을 돌아다니면서 수많은 해몽가들을 직접 만나서 그들의 견해를 듣고 의견을 나누었다. 그는 단순히 이론이 아니라, 경험을 바탕으로 꿈을 이해하려고 노력했다. 그리고 이전 사람들이 아이디어 차원에서 제안한 꿈 해석 이론을 깊이 파고들어, 자신의 독창적인 꿈 해석 이론으로 만들었다.

● 프로이트와 융의 '꿈의 열쇠'가 된
아르테미도루스

아르테미도루스는 꿈이란 낮 동안 하던 활동을 꿈속에서 계속하는 것이라며, 깨어서 하는 활동과 꿈과의 연속성을 강조했다. 꿈을 해석할 때 같은 형상이라도 일률적으로 해석하기를 거부하고, 꿈꾼 사람에게 가장 적합한 의미를 찾아내려고 노력했다. 이를 위해서 그는 꿈꾼 사람이 속한 문화와 풍습, 직업, 탄생 배경, 경제적 형편, 그리고 건강을 포함한 신체적 특성 등을 고려했다. 특히 꿈을 꾸었을 당시, 그가 어떤 상태에 있었는가를 중요시했다.[25]

다음에 인용하는 내용은 꿈을 해석할 때, 그가 자신의 이론을 어떻게 적용했는지를 잘 보여준다.

> 만일 젊은 여자가 유방에서 젖이 나오는 꿈을 꾼다면, 그것은 그녀가 아이를 잉태하여 낳고, 품에 안게 될 것을 의미한다. 그러나 늙은 여인이 그런 꿈을 꾼 경우 그녀가 가난하다면 부자가 될 것을, 그녀가 부자라면 돈 쓸 일이 있게 될 것을 의미한다. 만일 그녀가 사춘기의 절정에 이른 소녀라면, 그녀가 결혼하게 될 것을 의미한다. 왜냐하면 젖은 성적인 관계에서 나오기 때문이

---

25   Ullman, M., & Zimmerman, N. (1979). 55.

다. 그러나 꿈을 꾼 사람이 아주 어려서 결혼을 생각할 수 없는 경우, 그 꿈은 죽음을 예언한다. 극히 예외적인 경우를 제외하고 제시기에 맞지 않는 모든 것은 나쁘기 때문이다. 그러나 생활비가 없는 가난한 남자가 꾼 꿈이라면 그 꿈은 돈과 소유물이 풍부하게 되어 그가 심지어 다른 사람들도 먹여 살리게 될 것을 미리 말해준다. (중략) 아내와 자식이 딸려 있던 가장이 이 꿈을 꾼 후에 아내를 여의고 자식을 혼자서 키웠던 일도 있었다. 이런 경우 이 꿈은 그가 자식에게 아버지와 어머니의 역할을 동시에 한다는 것을 의미했다.[26]

아르테미도루스는 꿈에 나타난 형상의 의미에 대해 그 이전에는 어느 누구도 생각하지 못했던 매우 다양한 이해를 시도했다. 그는 꿈꾸는 사람이 꿈을 통해 그 마음의 메시지를 전달할 때, 은유와 언어놀이 등의 기법을 동원한다는 사실을 잘 알고 있었다. 예를 들어, 길을 잃고 헤매는데 사자를 만나 도움을 받는 꿈을 꾸었을 경우, 현실에서는 지위가 높은 사람으로부터 시혜를 받게 되는 것으로 해석했다. 이는 서양에서 사자는 주로 왕을 상징하기 때문이었다.

그가 꿈 해석에서 보여준 새로운 방법론은 오늘날의 꿈 심리학자들이 보기에도 합리적인 것이다. 그의 업적을 높이 평가하는 오늘날

---

26 Ullman, M., & Zimmerman, N. (1979). 56.

의 학자들 가운데는, 프로이트와 융이 20세기에 들어와서 꿈에 대해
혁신적인 이론을 주창했다기보다는 오히려 아르테미도루스로 대표
되는 과거의 꿈 해석 방법론을 회복한 것에 지나지 않는다고 주장하
는 사람들도 있다.[27]

---

27 Hill, C. E. (1996). 26.

고대 동양인의 꿈

◆⨯◆⨯◆

　꿈에 대한 관심은 동양인이라고 해서 예외가 아니었다. 고대 중국인들 역시 나름대로 꿈에 대해 이해하고 있었다. 그들은 신으로부터 꿈이 주어진다는 고대 서양인들의 이해와는 달리, 자신들 특유의 인간 이해를 근거로 꿈 현상을 설명했다.

　인간은 혼백(魂魄)으로 이루어져 있으며, 혼(魂)은 인간의 정신적·영적 활동의 측면을, 백(魄)은 인간의 신체적 측면을 일컫는다. 육체적인 백은 아버지의 정자와 어머니의 피로 구성이 되어 있다고 한다. 이 때문에 잉태를 할 때 육체적인 백이 생겨나는 반면, 정신적인 혼은 탄생을 할 때 육체로 들어오는 것으로 생각했다. 사람이 죽으면 백은 일정 기간 동안 죽은 육체 곁에 머물러 있다가 육체가 소멸됨에 따라 없어져버리지만, 혼은 육체를 떠나 흰 사슴이나 학을 타고 하늘로 올

라간다고 믿었다.[28]

　이런 인간 이해를 근거로 꿈에 대해 그들은 다음과 같이 생각했다. 꿈이란 사람이 잠을 자는 밤 동안 혼이 일시적으로 육체를 떠나 죽은 자들의 세계로 잠시 유람을 떠나면서 겪는 사건에서 발생한다고 믿었다. 거기서 혼은 영들이나 죽은 자들과 교제를 하고 다시 몸으로 돌아오는데, 그때 받은 인상을 간직하고 온다. 꿈을 꾸고 깨어났을 때 남아 있는 감정의 고양 상태는 바로 이 인상을 반영하는 것이다.

　고대 중국인들의 꿈 이해에는 한 가지 흥미로운 사실이 있다. 그들은 잠을 잘 때 잠시 몸을 떠났던 혼이 재빨리 돌아와서 몸과 결합하지 못하게 되면 꿈꾸는 사람에게 치명적인 결과가 일어날 수 있다고 믿었다. 이런 이유로 고대 중국인들은 잠자는 사람을 급작스럽게 깨우지 않도록 최대한 주의했다.

28　Dentan, R. K., & McClusky, L. J. (1993). Pity the Bones by Wandering River Which Still in Lover's Dreams Appear as Men. In A. Moffitt, M. Kramer, & R. Hoffmann (Eds.), The Functions of Dreaming. Albany: State University of New York Press. 500-501.

● 도가의 우주관이 담긴
꿈 해석의 원칙

　고대 중국인들이 남긴 꿈에 대한 가장 오래된 기록은 기원전 1천 년경에 편찬된 것이다. 이 기록에 의하면, 꿈을 그 형상의 내용에 따라 일곱 개의 범주로 나누었다. 그리고 꿈에 나오는 각각의 형상에 특정한 의미를 부여하여 해석했다. 예를 들어 '하늘과 기후'라는 범주에는 꿈에 태양이나 달이 뜨는 것을 보면, 가족이 건강하고 번성하고 학문을 잘하게 될 것이라고 꿈 풀이를 했다. '의복과 보석'이라는 범주에는 깨끗한 거울을 꿈에 보면 행운을 의미하나, 더러운 거울은 불행을 의미한다고 했다.

　도교 계열의 작품 중 하나인 『열자(列子)』에도 꿈을 그 내용에 따라 분류한 것이 있다. 아무런 감정의 동요가 없는 상태에서 꾼 평상적인 꿈, 공포를 느끼게 하는 꿈, 낮 동안에 생각한 것이 나타나는 꿈, 낮 동안에 말한 것을 꾸게 되는 꿈, 기쁨을 느끼는 꿈 등이다.

　특히 이 책에는 나름대로 꿈 해석의 지침이 제시되어 있는 것을 볼 수 있다. 모든 것이 하나로 연합되어 있다는 도가의 우주관을 근거로 조화와 상호 의존을 해석의 원칙으로 제시한다. 현대적인 관점에서 보면 이것은 '보상의 원칙'에 해당된다. 예를 들어 배가 부른 사람은 음식을 주는 꿈을 꾸는 반면, 배가 고픈 사람은 먹을 것을 취하는 꿈을 꾼다는 것이다. 만일 꿈에서 춤추고 노래하면 현실에서 우는 일이

일어나게 된다는 것이다.[29]

고대 중국에서도 고대 서양에서처럼 '꿈 배양'이 성행했다. 꿈 배양을 위해서 먼저 절이나 사당의 신상 앞에서 향을 피우는 등의 다양한 준비 의례를 거행한다. 이렇게 하여 꿈을 꾸면, 그 꿈이 신이 보낸 것인지를 알아보기 위한 절차를 거친다. 그 결과, 신이 보낸 것으로 확인되면 꿈을 해석해주는 사람의 도움을 얻어 꿈을 해석하고 거기에 따라 적절하게 행동했다.

● 『삼국유사』에 나오는
   김경신의 꿈 이야기

고대 중국인들의 꿈 이해와 꿈을 이용하는 방법이 고대 한국인들에게도 영향을 주었다. 다른 고대인들과 마찬가지로 고대 한국인들이 가장 크게 관심을 가진 꿈은 예언적인 기능을 하는 꿈이었다. 이런 꿈의 의미를 해석하여 꿈꾼 사람의 앞날에 일어날 길흉을 점쳤다. 그리고 이 점괘에 따라 그 꿈이 이루어지게 하거나, 실현되지 않도록 적절한 조치를 취하는 관습이 『삼국유사』에 기록되어 있다. 그 대표적인 예가 원성대왕 김경신의 꿈이다.

---

29 Van de Castle, R. L. (1994). 58.

이 꿈은 김경신이 왕위에 오르게 된 과정과 관련된 내용으로 이루어져 있다. 선덕왕이 신라의 왕으로 재임하고 있을 당시, 왕위 계승서열에서 각간인 김경신은 이찬으로 있는 김주원 다음 순위였다. 이런 김경신이 하루는 꿈을 꾸었다.

꿈에서 그는 머리에 쓰던 복두(幞頭)를 벗고,
흰 갓을 쓰고, 열두 줄 가야금을 들고,
천궁사의 우물 속으로 들어갔다.

김경신이 꿈에서 깨어 일어나 사람을 시켜 점을 치게 한 결과, 아주 좋지 못한 해몽을 얻었다. 복두를 벗은 것은 관직을 잃을 징조요, 가야금을 든 것은 죄인이 되어 칼을 쓸 징조요, 우물 속으로 들어간 것은 옥에 갇힐 징조라는 것이었다. 이에 김경신은 몹시 낙담하여 두문불출했다.

그러나 여산이라는 사람이 김경신을 찾아와 이 이야기를 들었다. 그리고 김경신에게 말하기를, 그의 꿈이 아주 좋다면서 새롭게 해석해주었다. 여산이 해석하기를, 꿈에서 복두를 벗은 것은 그보다 윗자리에 앉는 이가 없다는 것이요, 흰 갓을 쓴 것은 그가 면류관을 쓸 징조요, 열두 줄 가야금을 든 것은 12대손이 왕위를 이어 받을 징조요, 천관사 우물에 들어간 것은 궁궐에 들어갈 상서로운 징조라는 것이었다.

김경신이 여산에게 물었다.

"나보다 왕위 계승 서열이 빠른 김주원이 있는데, 어떻게 내가 왕위에 오를 수 있다는 것이냐?"

이 말을 듣고, 여산이 방법을 제안했다.

"사람들 몰래 북천(北川)을 다스리는 신에게 제사를 지내는 것이 좋을 것입니다."

그 말대로 김경신은 북천의 신에게 제사를 지냈다.

그 후 얼마 되지 않아 선덕왕이 세상을 떠나게 되자, 사람들은 김주원을 왕으로 삼아 대궐로 맞아들이려 했다. 그런데 그의 집은 북천의 북쪽에 있었는데, 갑자기 냇물이 불어 북천을 건널 수가 없었다. 그러는 동안 김경신이 먼저 대궐에 들어가서 왕위에 오르자, 대신들이 모두 와서 새 임금에게 경하를 드리게 되었다. 이렇게 하여 그의 꿈이 여산의 해몽대로 길몽으로 드러났다.[30]

---

30 『삼국유사』 제2권. 원성대왕편.

● 고대 한국인들의
   다섯 가지 꿈 분류법

　김경신의 꿈 이야기를 통해서 알 수 있듯이, 고대 한국에는 꿈을 해석함에 있어 점을 이용하는 관습이 있었다. 주로 앞날의 길흉에 대한 판단을 얻기 위해서였다. 이 방법은 꿈의 형상이 보여주는 의미와 가장 가깝게 연상되는 현실을 꿈과 연결시켜 해석하는 것이다. 즉, 꿈에 나타난 형상은 현실의 어떤 것과 '일대일의 연관'을 가지고 있다는 전제 아래 꿈의 형상을 해석하는 것이다.

　예를 들어, 이가 빠지는 꿈은 뭔가 몸에서 중요한 것이 빠져나가는 것을 의미한다. 그런데 현실에서는 몸과 같은 가족이 죽는 것으로 이해하여 윗니가 빠지면 부모가, 아랫니가 빠지면 자손이 죽는 것으로 해석하는 것이다. 이와 같은 꿈 해석 방법에서 길몽이란 현실에서 소망하던 바를 충족시켜주는 것으로 해석되는 꿈이요, 반대로 흉몽이란 현실에서 일어나지 않기를 바라던 부정적인 사건이 일어날 것으로 해석되는 꿈이다.

　고대 한국인들이 꿈을 미래의 길흉을 알려주는 것으로 이해하여 해석했다고 하더라도, 모든 꿈을 다 그렇게 해석한 것은 아니었다. 그들은 꿈을 다섯 종류로 분류했는데, 영몽(靈夢), 정몽(正夢), 심몽(心夢), 허몽(虛夢), 그리고 잡몽(雜夢)이다. 이중에서 영몽과 정몽만 가치가 있는 것으로 여겼고, 이를 해석하여 길흉을 점쳤다.

영몽은 영험한 꿈이란 의미로 신이나 조상이나 죽은 사람이 나타나 앞날을 지시해주는 내용으로 이루어진 것을 가리킨다. 그리고 정몽이란 평소에 생각하지도 않고, 본 적도, 들은 적도 없는 것이 또렷하게 꿈에 나타날 뿐만 아니라, 꿈에서 깨어난 후에도 그 꿈에 대한 기억이 생생하게 남아 있는 꿈을 의미한다.

고대 한국인들이 다섯 가지로 꿈을 분류한 방법은 중국의 영향을 받은 것이다. 이는 꿈을 꾸게 되는 원인과 나름대로 관련지어 만들어낸 분류이다. 영몽은 신과 같은 신령한 존재로부터 주어지는 꿈이며, 정몽은 기억이 생생한 꿈이며, 심몽은 평상시의 심리적 상태를 반영하는 꿈이며, 허몽은 몸과 마음이 공허하고 허망할 때 꾸는 꿈이며, 잡몽은 허영과 욕망에 집착한 마음 상태가 만들어내는 꿈이다. 이 가운데 후자의 세 가지는 꿈 현상을 심리적으로 이해한 것이라고 할 수 있다.

한국 전통적 해몽에 대한 평가

■■■ 앞에서 언급한 바 있듯이, 우리 조상들도 꿈에 대해 관심을 가지고 꿈을 해석하기 위해 나름대로 노력하는 가운데 꿈을 해석하는 방법을 개발하여 전수했다. 이 전통적인 꿈 해석을 우리는 해몽이라고 부른다. 아직도 일반인들은 현대 심리학에 근거한 꿈 해석에 대해서는 거의 알지 못하고 있다. 이 때문에 전통적 해몽 방법은 지금도 우리나라에서 가장 널리 알려져 있고, 가장 큰 영향력을 발휘하고 있는 보편적인 꿈 해석 방법이다.

전통적인 꿈 풀이는 주로 앞으로 일어날 사건의 길흉을 판단하는 것이 특징이며, 여기서 꿈의 형상은 하나의 기호로 이해된다. 예를 들어, 이가 빠지는 것은 흉사가 있다는 것으로 윗니가 빠지면 웃어른이 돌아가는 것을 의미하고, 아랫니가 빠지면 자식이 죽는 것을 의미한다는 것이다. 이렇게 한 가지 형상에 정해 놓은 의미를 붙여서 기계적으로 해석하는 것을 꿈 형상의 기호적인 해석이라고 한다.

오늘날 서점에서 쉽게 구입할 수 있는 일반 대중들을 위한 꿈 풀이 책들은 기본적으로 꿈 형상을 기호적으로 해석해 놓은 것이다. 꿈 해몽 백과사전과 같은 해몽 책을 보면 수많은 꿈의 형상들에 대해 정해 놓은 의미를 부여하고 있다. 그 가운데 대표적인 것을 몇 개 예로 들자면, 돼지를 품에 안거나 돼지가 집으로 들어오거나 돼지가 새끼를 많이 낳는 꿈은 횡재를 하게 될 것을 의미한다. 용을 타고 하늘을 날거나, 용이 하늘로 승천하는 등의 용꿈을 꾸면 하늘이 내려준 명예와 재물을 얻게 되는 것을 의미한다. 화장실에 똥이 넘치거나 자신이 똥을 짊어지고 오거나 하는 등의 누런 똥에 관한 꿈을 꾸면 재물과 풍요를 의미하며, 꿈속에서조차 똥의 냄새가 지독하게 풍기면 더할 나위 없이 좋은 꿈으로 여긴다. 높은 곳에서 떨어지는 꿈은 직급이 떨어지거나 직장을 잃게 될 것을 의미한다.

이 외에도 해몽서에는 꿈에 나오는 거의 대부분의 형상에 대해 의미를 설명해 놓고 있다. 이와 같이 꿈꾸는 사람의 특성이나 상황과는 관계없이 꿈의 형상에 특정한 의미를 부여하는 기호적 해석의 첫 번째 문제점은 다음과 같다. 꿈의 형상이 지니고 있는 상징적 특성이 무시될 뿐만 아니라, 꿈 형상의 의미는 철저히 개인적이고 주관적이라는 사실을 전혀 고려하지 않는다는 것이다.

전통적 해몽의 또 다른 문제점은 꿈에 나오는 하나하나의 요소에 대한 의미나 감정의 탐색이 이루어지지 않은 채, 꿈에 나오는 중요한 형상의 의미가 꿈 전체의 의미를 대변하는 것처럼 해석된다는 점이다.

우리 전통의 해몽에서 발견되는 이와 같은 문제점은 꿈의 기능을 앞날의 길흉을 점치는 것으로만 국한하기 때문이다. 사실 꿈의 기능

중 길흉을 점치는 기능은 매우 적은데, 이런 사실을 무시하고 모든 꿈을 통해 길흉을 알려고 하는데서 잘못된 해석이 나온다.

그렇다고 예시적인 꿈이 없다거나, 전통 해몽 식의 해석이 전혀 들어맞지 않는다는 주장은 아니다. 실제로 복권에 당첨된 사람들 가운데는 좋은 꿈을 꾸고 나서 당첨되었다고 한다. 이런 사람들 이야기는 TV나 신문기사를 통해 익히 들어왔다. 복권 당첨의 경우가 아니더라도 예시적인 꿈은 분명히 있다.

문제는 어떤 꿈이 예시적 기능을 하는 꿈인지, 사전에 판단하기가 결코 쉽지 않다는 것이다. 예를 들어, 돼지가 새끼를 낳는 꿈을 꾸었다고 해서 모두 복권에 당첨되거나 횡재를 하게 되는 것은 아니다. 다만, 예시적인 꿈은 많은 경우 꿈꾼 사람의 삶의 상황과 관련해서 예상해볼 수 있다. 또한 그 사람의 주관적인 직관을 통해서 예시적이라고 미리 짐작할 수 있을 뿐이다. 이러한 것이 예시적인 꿈이며, 그 해석이 옳은 것인지는 꿈을 해석한대로 사건이 일어나는지를 지켜봄으로써 확인이 가능하다.

그렇기 때문에 꿈을 해석할 때 어떤 종류의 꿈인지 속단하지 말고, 합리적이면서 체계적인 꿈 해석의 원칙을 적용해서 해석을 시도하는 것이 중요하다. 이런 꿈 해석 방식이야말로 꿈이 전해주는 메시지를 제대로 이해하고 받아들이는 길이 되며, 꿈을 유용하게 사용하는 방법이 된다.

고대인들이
꿈을 읽는 방법의 특징

◆XX◆XX◆

꿈에 대한 고대인들의 이해를 살펴본 바에 의하면, 동양이든 서양
이든 모든 고대인들이 꿈에 대해 아주 큰 관심이 있었으며, 꿈을 이해
하려고 노력했던 것을 볼 수 있다. 그들은 꿈을 삶의 일부로 자연스럽
게 받아들였고 나아가 꿈에 큰 가치를 부여했다. 특히 높은 지위에 있
는 사람들의 꿈은 국가와 사회의 장래에 영향을 미치는 것으로, 더욱
소중하게 여기고 해석에 심혈을 기울였다.

이는 고대인들의 꿈에 대해 보편적인 생각이 현대인들의 생각과
는 다른 것을 의미한다. 고대인들에게서는 꿈을 비합리적이라고 무
시하는 태도를 일반적으로 찾아볼 수 없었다. 그들은 꿈을 중요하게
생각했으며, 나름대로 꿈을 이해하고 꿈이 가져다주는 유익을 얻기
위해 노력했다.

앞에서 살펴 본 고대인들의 꿈 이해에서 드러나는 일반적인 특성 가운데 하나는 다음과 같다. 꿈이 신이나 죽은 조상과 같은 인간보다 더 높은 차원의 존재로부터 주어진다는 인식이다. 이것은 고대인들 특유의 우주관을 반영하는 것이다. 이렇게 주어지는 꿈은 특정한 사건이나 사람의 운명을 미리 알려주는 역할을 한다고 믿었다. 즉 꿈의 예언적 기능이 특히 강조되었다.

● 고대인들이 마련해준
　현대 심리학적 꿈 이론의 씨앗

꿈의 예언적 기능이 중시되면서 고대인들은 다양한 준비 의식을 포함한 꿈 배양의 방법을 발전시켜 좋은 꿈을 얻으려고 노력했다. 그 과정에서 재난을 암시하는 꿈을 꾸었을 경우에는 이를 미리 막기 위한 의례를 거행했다. 뿐만 아니라, 고대인들은 꿈이 현실에서 벌어지는 풀기 어려운 과제를 풀 수 있는 방법을 알려준다고 믿었다. 고대 서양인들이 질병을 치료하기 위해 꿈을 이용한 것이 대표적인 예이다.

한편, 꿈을 이용한다는 것은 어떤 형태로든 꿈을 해석하는 방법을 발전시켰다는 의미다. 대표적인 꿈 해석의 방법은 현실 논리에 입각한 것으로, 꿈에 나타난 형상이 의미하는 바와 가장 부합하는 현실사건이나 대상과 관련시켜 꿈을 해석하는 것이었다. 이를 바탕으로 꿈 해석 사전을 편찬해서 해몽 전문가들과 일반인들이 꿈을 풀이할 수 있도록 자료를 제공했다.

　고대인들의 꿈 이해와 해석 방법을 오늘날의 합리적인 꿈 이론에 비추어 볼 때, 조잡하고 유치한 면도 없지 않다. 하지만 그렇다고 그들의 꿈에 대한 이해가 모두 비합리적인 것만은 결코 아니었다. 그들이 제시한 다양한 꿈 이해와 해석 가운데는 오늘날 심리학적 꿈 이론의 근거가 되는 합리적인 내용이 포함되어 있다.

　이런 의미에서 오늘날의 심리학적 꿈 이론은 고대인들이 마련해 준 꿈 이론의 기초를 합리적으로 탐구하고 정립하여, 체계적으로 완성해온 것이라고 할 수 있다.

예시적인 꿈은 우리가 생각하
는 것처럼 그리 흔한 꿈은 아니다. 하지
만 사람들이 가장 많은 관심을 보이는 꿈이요,
한평생 살아가는 동안 몇 번쯤은 경험하기도 하는 꿈
이다. 그런데 문제는 '어떤 꿈이 과연 예시적인 꿈인가를
어떻게 알 수 있는가?' 하는 것이다.
사실 예시적인 꿈을 해석하는 것은 그리 쉽지 않다. 이는 꿈이
앞으로 일어날 사건을 그대로 보여주거나 일어날 사건을 정확하
게 묘사하는 경우가 흔치 않기 때문이다.
예시적인 꿈의 경우 그것이 예시적이었다는 사실은 항상 현실의
검증을 거쳐야 확인할 수 있다. 하나의 꿈이 해석한 대로 현실에서
이루어지지 않으면 꿈을 잘못 해석한 것으로 받아들여야 한다.
또 예시적인 꿈이라고 생각하더라도 무엇에 관하여 미리 어떤
메시지를 전해준다고 단순하게 믿어버리기 전에 꼭 기억
해야 할 사실이 있다. 바로 꿈이란 일단 먼저 꿈을 꾸는
사람의 심리적 상태를 반영하고 있다는 것을 명심
해야 한다. 그러고 나서 꿈 해석 방법에 따
른 꿈 해석을 먼저 시도해야 한다.

Part 6
예시적인
꿈을 읽다

How To Read A Dream

재무장관의 암살을
예견한
세 차례의 같은 꿈

◆※◆※◆

세상에 널리 알려져 있진 않으나, 유명인의 암살을 아주 생생하게 예견한 꿈을 찾아 볼 수 있다. 그중 하나가 영국인 존 윌리엄이 1812년 5월 3일에 꾼 꿈이다.

존은 영국 하원 의사당의 로비에 있었다.

그는 하얀 조끼 위에 푸른색 상의를 입은

키가 작은 사람이 들어오는 것을 보았다.

그 다음 그는 까만색에 쇠로 된 단추가 달린

상의를 입은 사람이 권총을 발사하자 키가 작은 사람이

바닥에 쓰러졌으며, 그가 입은 흰 조끼의 왼쪽 가슴 부분에

피가 크게 번지는 것을 목격했다.

그곳에 있던 여러 사람들이 달려들어 암살자를 붙잡았다.
그 장면을 지켜보던 존이 희생된 사람이 누구인지 물어 보자,
한 사람이 "퍼스발 재무장관이 암살당했다"고 알려주었다.

꿈에서 깨어난 존은 옆에서 잠을 자던 그의 아내에게 꿈 이야기를 들려주었으나, 아내는 그 꿈을 무시해버렸다. 다시 잠이 들어 똑같은 꿈을 두 번째로 꾸고 깨어나서 아내에게 또 들려주었으나, 아내는 이번에도 단지 꿈일 뿐이라면서 잊어버리라고 했다. 또 다시 잠이 들었고, 세 번째로 같은 꿈을 꾸었다.

아침에 일어난 존은 마음이 크게 동요되어, 여러 친구들과 이 꿈에 대해 대화를 나누면서 관계 당국에 이 일을 알려야 할 것인지를 물어 보았다. 그러나 하나같이 대답하기를, 만일 그렇게 하면 정신 나간 사람이라고 조롱당하기 십상이니 알리지 않는 것이 좋겠다고 했다.

그가 이 꿈을 꾸고 난 지 약 1주일이 지난 1812년 5월 11일에 퍼스발 재무장관은 암살을 당했다. 이 사건이 일어난 정황은 윌리암이 꿈에서 본 것과 거의 일치하는 것으로 드러났다. 재무장관이 입은 옷과 암살자가 입은 상의에 달린 단추의 재질과 하얀 색 조끼에 피가 묻은 부위 등이 윌리암이 꿈에 본 그대로였다.[31]

이러한 예시적인 꿈에 대해서 '어떤 불행이 일어날 것을 꿈을 통해

---

31 Van de Castle, R. L. (1994). Our Dreaming Mind. New York: Ballantine Books. 29-30.

알았다면 과연 그것을 막을 수 있을까?' 하는 질문이 생긴다. 이에 대해서는 두 가지로 나타난 것을 볼 수 있다. 꿈을 꾸고 사전에 적절한 행동을 취하여 사고를 당하지 않은 경우도 있었다. 반면에, 이 사건에서처럼 달리 조치를 취하지 못해서 그대로 일어나는 것을 지켜 볼 수밖에 없는 경우도 있었다.

자신의 주검을
미리 본
링컨 대통령의 꿈

◆※◆※◆

미국의 16대 대통령인 아브라함 링컨은 암살당하기 2주 전에 자신이 죽어 관에 들어가 있는 꿈을 꾸고 그것을 기록으로 남겼다.

나는 침대에 누워 있는데, 흐느낌 소리가 들려온다. 많은 사람들이 울고 있는 것 같았다. 흐느낌 소리에 이상한 생각이 들자, 나는 침대에서 일어나 아래층으로 내려가서 그 소리를 따라 이 방 저 방을 기웃거렸다. 내가 이스트 룸(East Room)에 들어섰을 때, 받침대 위에 시신이 안치된 관이 하나 놓여 있는 것을 보았다. 시체는 장례용 옷으로 감싸져 있었고, 그 관 주위를 군인들이 둘러서서 지키고 있었으며, 한 무리의 사람들이 그곳에 있었다. 어떤 사람들은 애도의 눈빛으로 시체를 바라보는데, 시체의 얼굴이 가려져 있었다. 내가 군인 중 한 사람에게 "백악관에서 누가 죽었는가?" 하고 묻자, 군인이 대답했다.

"대통령님께서 서거하셨습니다. 암살당하셨습니다."

이 소리를 듣고 무리들로부터 애통하는 소리가 터져 나왔으며, 나는 꿈에서 깨어났다.

링컨 대통령이 포드 극장에서 존 부스가 쏜 총탄에 맞아 암살당한 사건은 그가 이 꿈을 꾸고 난 지 거의 2주가 지난 후에 일어났다. 링컨의 시신을 넣은 관은 그의 꿈대로 백악관의 이스트 룸에 설치된 관 받침대 위에 안치되었다. 물론 그가 꿈에서 본 그대로 군인들이 그의 관을 경호하고 있었다.[32]

링컨 대통령이 이 꿈을 꾸고 자신이 죽을 것을 알아차렸는지에 대한 기록은 찾아볼 수 없기 때문에, 이 꿈이 어떤 역할을 했는지 알 수 없는 일이다. 그러나 거의 대부분의 사람들이 나이가 들어 자신이 죽는 꿈을 꾸게 된다면 죽음을 다시 한 번 생각하고 준비하는 것이 보편적이다. 그렇듯이 이 꿈을 꾸고 나서 링컨 대통령도 자신의 죽음에 대해 미리 생각을 하고, 마음으로라도 준비를 했으리라 짐작할 뿐이다.

---

32 Van de Castle, R. L. (1994). 30.

형의 죽음을 예견한
마크 트웨인의 꿈

◆▰◆▰◆

마크 트웨인(Mark Twein)이라는 이름으로 우리에게 잘 알려진 작가의 본명은 사무엘 클레멘스(Samuel Clemens)이다. 다음은 그가 아직 작가로서 알려지기 전인 23세 때 꾼 꿈이다.

그의 누이의 방에 철제로 된 관이 두 개의 의자 위에
걸쳐 놓여 있었다. 그가 관에 가까이 다가가서 보니
관 속에는 그의 형인 헨리의 시신이 누워 있었다.
시신에는 그의 관심을 사로잡는 특별한 것이 있었다.
그것은 중앙의 진홍색 꽃 한 송이를 흰색 꽃이 둘러싸서 만든
부케였다. 그 부케는 헨리의 가슴에 놓여 있었다.

클레멘스가 이 꿈을 꾸고 며칠이 지난 후, 미시시피 강을 운행하던 여객선 한 척이 폭발하여 많은 승객과 승무원이 그곳에서 죽었다. 클레멘스의 형인 헨리는 이 배의 승무원이었다. 사고 소식을 듣고 클레멘스가 멤피스 사고 현장으로 가고 있을 때, 그의 형은 의식을 잃은 채 현장에 마련된 임시 병동의 침대 위에 누워 있었다. 그는 형이 살아날 수 있을지 모른다는 가느다란 희망을 가졌으나, 그의 형은 사고가 일어난 지 엿새 되던 날에 결국 죽고 말았다.

클레멘스는 형의 사망 소식을 듣고, 임시로 마련된 시신 안치실에 도착했다. 거기서 그는 대부분의 사망자들은 나무로 만든 관에 안치되어 있었으나, 철제로 된 관 하나가 두 의자 위에 걸쳐 놓여 있는 것을 발견했다. 헨리가 사경을 헤매면서 살기 위해 애쓰는 모습이 멤피스 여성 봉사자들의 심금을 울렸고, 이들이 헨리를 위해 특별 모금을 하여 철제로 된 관을 마련했다는 것을 나중에 알게 되었다.

클레멘스가 형의 관으로 다가가는데, 나이 지긋한 부인이 안치실로 들어왔다. 그 부인은 흰색 꽃으로 만든 커다란 부케를 손에 들고 있었는데, 그 부케의 한가운데는 진홍색 장미가 꽂혀 있었다. 그 부인은 헨리의 관으로 다가와서 그의 가슴에 그 부케를 올려놓고는 밖으로 나갔다.[33]

안치실에서 경험한 모든 것은 클레멘스가 며칠 전에 꾼 꿈 그대로

---

33   Van de Castle, R. L. (1994). 408.

였다. 이 꿈에서 클레멘스는 그의 형이 죽어 관에 누워 있는 모습을 보았으나, 언제 어떻게 죽게 될지는 전혀 꿈에 나타나지 않았다. 클레멘스에게 있어서 이 예시적은 꿈은 형의 죽음을 미리 알려주는 역할을 한 것으로 보이나, 그가 사전에 이 꿈의 내용을 그대로 받아들였는지는 알려지지 않고 있다.

자식의 죽음을 예견한
두 어머니의 꿈

◆✕◆✕◆

자식에 대한 어머니의 관심이 어느 정도인지는 굳이 새삼스럽게 언급할 필요가 없다. 자식과 어머니의 관계만큼 본능적으로 밀접한 관계란 찾아 볼 수 없기에, 자식에게 일어날 큰 불행을 어머니가 꿈을 통해서 미리 감지하는 것은 그렇게 이상한 일이 아니다.

여기에 소개하는 첫 번째 꿈은 필자(김정희)의 어머니가 시집을 온 지 얼마 되지 않아 꾼 꿈으로, 앞으로 낳게 될 자식의 운명을 예견한 꿈이다.

돼지 새끼 세 마리가 마당에서 뛰어 놀고 있었다.
자신은 부엌에서 밥을 짓고 있었는데,
갑자기 세 마리 모두 부엌으로 뛰어들어 왔다.

큰놈 두 마리는 아궁이 속으로 들어가버리고

제일 작은 놈 한 마리만 자기 품으로 달려들어 와서

안기는 것이었다.

불안하고 놀란 마음으로 잠에서 깬 어머니는 꿈이 너무나 이상해서 시집 어른에게 꿈 이야기를 들려주었다. 그러자 그 이야기를 들은 시어른 가운데 한 사람이 다음과 같이 그 꿈을 풀이해주었다.

"자네는 앞으로 아들 셋을 보게 될 걸세. 그런데 자네의 임종을 지켜줄 자식은 막내뿐이네."

갓 시집온 새댁이었던 어머니는 자기와 자식들의 미래를 예언해주는 이 꿈 해석을 믿을 수가 없었다. 그러나 그렇다고 이 꿈과 해석이 완전히 무시되거나 잊어버려지지도 않았다. 그런데 시간이 흘러 아들에 관한 일은 이 꿈의 해석처럼 되었다.

꿈에서 본 것처럼 어머니는 아들 셋을 두었다. 둘째는 4살이 되던 해 죽고, 맏아들은 결혼했으나 자신의 둘째 아이가 태어나기 바로 전날 사고로 죽고 말았다. 막내아들만이 자라서 어머니를 모시고 살다가 그 임종을 지켰다. 어머니는 처음에 이 꿈 해석을 믿지 않았다고 했다. 그러나 맏아들을 사고로 잃고, 시어른의 말처럼 결국 두 아들을 먼저 하늘나라로 보낸 후에야, 그 꿈과 해석을 믿게 되었다고 어머니는 종종 말씀했다.

두 번째 꿈은 필자(이호형)의 어머니가 들려준 꿈이다.

아침에 일어나 마당을 보니 집에서 키우던 수탉 한 마리가
마당 한가운데 죽어 자빠져 있는 것이다.

꿈에서 깬 어머니는 너무나 불길한 생각이 들었고, '도대체 무슨 불상사가 있으려나?' 하는 마음으로 종일 아무 일도 하지 못하고 안절부절못하셨다고 했다. 여섯 아들을 둔 어머니인지라, 행여 그 아들들에게 무슨 변고가 일어나는 것은 아닌가 하는 불안한 마음을 떨쳐버릴 수 없었다.

그러다가 오후에 급보가 날아들었다. 며칠 전 추석을 맞아 고향에 내려 온 막내아들이 그 전날 오토바이를 타고 여행을 떠났는데, 그 아들이 사고를 당했다는 전보였다. 그 전보를 받은 어머니는 막내아들이 죽었다는 것을 직감할 수 있었다. 현장에 가서 시신을 수습하고 돌아온 아버님의 말씀에 의하면, 막내아들은 사고로 그 자리에서 즉사했다는 것이다. 꿈에서 수탉이 마당에 그렇게 죽어 자빠져 있는 것처럼 말이다.

여기서 볼 수 있는 것처럼, 이 꿈이 불행을 예고하는 꿈이라는 것은 어느 정도 짐작할 수 있다. 내용도 그렇고, 또 꿈을 꾸고 나서 종일 불안한 마음이 떠나지 않은 것 등이 뭔가 불길한 사건을 알려주는 꿈이라고 생각할 수 있었다. 그러나 구체적으로 이 사건의 내용이 어떤 것인지는 알 수 없었고, 다만 사건이 일어난 후에 그 진상을 알게 되면서 꿈의 의미를 정확히 알 수 있었다.

물론 꿈에서 뭔가 불길한 장면을 본다고 해서 다 불길한 사건을 예언하지는 않는다. 실제로 그런 불길한 꿈을 꾸었으나, 현실에서는 아무런 일이 일어나지 않는 경우가 오히려 더 많다. 바로 이러한 사실들이 예시적인 꿈의 해석을 어렵게 만드는 요소이다.

심리치료의 결과를
미리 보여주는 꿈

◆〉◆〉◆

　예시적인 꿈을 논하면서 심리치료나 상담을 받기 시작하는 사람들의 꿈을 빼놓을 수가 없다. 심리치료 현장에서 꿈은 여러 가지로 소중한 자료로 활용된다. 그리고 그 가운데서 치료의 초기에 꾸는 꿈은 여러 가지 면에서 중요하게 다루어진다. 여기서는 치료의 결과를 미리 알려주는 예시적인 기능에 국한하여, 치료 초기의 꿈에 대한 예를 들어 보겠다.

　이 꿈을 꾼 사람은 심한 우울증으로 고생하던 미국인 환자이다. 그는 융(C. G. Jung)의 가까운 동료였던 C. A. 마이어(C. A. Meyer)에게 우울증 치료를 받게 되었다. 그리고 첫 번째 치료를 받으러 가기 전날 밤, 이 꿈을 꾸었다.

나는 숭어 낚시를 하고 있었는데,

통상적으로 가는 강이나 호수가 아닌 몇 개의 구역으로

나누어진 저수지에서 낚시를 하고 있었다.

나는 보통 사용하는 낚시 도구와 미끼 등으로

낚시를 하고 있었으나 한 마리도 잡지 못했다.

나는 분통이 터져 거기에 놓여 있던 세발작살을 움켜쥐었다.

그리고 곧바로 그 작살을 사용하여

커다란 물고기를 찔러 잡을 수 있었다.[34]

이 꿈을 꾼 환자는 몇 년 동안 다양한 요양소에 입원하여 치료를 받았으나, 우울증을 치료할 수 없었다. 그러다가 융 학파의 분석 치료를 받기로 결심하여 마이어에게 오게 되었다. 처음 왔을 때 그는 우울증이 너무 심하여 말을 할 수 없을 정도의 마비 증상을 보였다. 그가 직접 말을 하기 곤란하여 그의 아내가 그의 꿈을 받아 적어 치료자에게 가지고 왔을 정도였다.

마이어는 융 학파의 심리 치료자였기 때문에 이 꿈을 융의 꿈 해석 이론에 따라 해석했으며, 그 의미는 다음과 같다. 꿈의 도입부에서 나오는 물은 무의식의 세계를 상징하는 것이고, 낚시하는 것은 무의식과 관련한 심리 치료를 받는 것을 의미한다. 몇 개의 구역으로 나누

어진 저수지는 그가 이전에 몇몇 치료 방법을 통해 치료를 받은 것을 의미한다. 낚시를 했으나 한 마리도 잡지 못한 것은 그 동안 받았던 전통적인 정신분석방법의 치료가 아무런 도움이 되지 않은 것을 의미한다. 분통이 터져 세발작살을 움켜잡은 것은 환자 스스로 주도적인 행동을 한 것을 나타내는데, 이는 아무것도 행동으로 옮길 수 없었던 심한 우울증 환자에게 중대한 변화를 의미한다.

● 신화 속에
   꿈의 열쇠가 있다

세발작살에 대한 해석에서 융 학파의 특성이 크게 드러나는 것을 볼 수 있다. 즉 이 형상이 가지고 있는 신화적 의미를 찾아 설명하는 것이다. 세발작살(삼지창)은 그리스 신화에 나오는 바다의 신 포세이돈이 사용하는 무기이다. 또 포세이돈은 어떤 지역에서는 치유의 신으로 알려져 있는가 하면, 다른 지역에서는 격노에 대한 상징으로 알려져 있다.

여기서는 환자에게 결여되어 있는 근본적인 감성을 상징하는 것으로 이해했다. 꿈의 마지막 장면에서 작살로 커다란 물고기를 찔러 잡은 것은 치유의 가능성이 꿈의 대단원으로 나타난 것을 의미한다. 꿈의 결론은 이 환자가 치료를 통해서 그의 정신적인 문제를 해결하

게 된다는 것을 보여주는 것으로 해석했다.[35]

이 꿈을 해석하고 나서 마이어는 이것은 극적인 치유를 미리 보여주는 꿈이라고 믿었다. 실제로 그에게 치료를 받기 시작한 후 10일이 지나자, 환자의 우울증 증세가 점차적으로 줄어들기 시작했다. 그리고 몇 달간의 치료 후에 완전하게 치료되었다. 그 후로 이 환자는 죽을 때까지 우울증에 시달리지 않고 심리적으로 건강하게 살았다.[36]

이 꿈의 해석과 관련하여 언급하고 싶은 점은 다음과 같다. 즉, 다양한 꿈 해석 이론이 있으나, 여기서는 융 학파의 해석 사례를 소개했다는 것이다. 하나의 꿈에 대해서 여러 가지 해석이 가능하기 때문에, 다른 이론을 따르는 치료자였다면 달리 해석할 수도 있을 것이다.

어떤 이론을 따르더라도 꿈 해석은 현실과의 연관성 아래서 이루어져야 한다. 특히 예시적인 꿈 해석의 경우는 항상 현실의 검증을 받아야 한다. 이 꿈이 예시적인 꿈이라고 할 수 있는 이유는 해석한 대로 현실에서 이루어졌기 때문이다. 그렇기에 이 해석 또한 적절한 해석이라고 할 수 있다.

다음 장에서는 인간이 살면서 당면하는 여러 가지 문제에 대해 꿈이 어떤 역할을 하는지 알아보는데, 구체적으로 문제에 대한 해결책을 제시하는 꿈 사례에 대해 살펴본다.

---

35 Vedfelt, O. (2002). 48.

36 Vedfelt, O. (2002). 45.

여기에서는 꿈을 통해 영감을
받아 고민하던 문제를 해결할 수 있었
던 사례를 살펴보기로 한다. 꿈이 문제의 해
결책을 제시해준 경우, 어떤 행동을 위한 자극
제가 된 경우, 한 사람의 삶의 방향을 제시해준 경
우, 과학자들의 발명이나 작가나 예술가들의 창작
활동에 영감을 준 경우 등이 있다.
이러한 사례를 통해 일반적으로 알려진 것보다 훨
씬 더 많은 사람들이 꿈을 통해 자신이 하는 직업
적인 일에 도움을 받은 사실을 알 수 있다. 이들
가운데는 꿈이 그런 역할을 한다는 것을 알
고 본격적으로 꿈을 활용한 사람들도
있고, 그렇지 않은 경우도 있다.

Part 7
해결책을
제시하는
꿈을 읽다

How To Read A DREAM

벤젠의
분자 구조를 알게 해준
케쿨레의 꿈

◆✕✕◆✕✕◆

    과학자들의 학문적 발견과 관련되어 가장 널리 알려진 꿈은 화학자였던 케쿨레의 꿈이다. 그가 벨기에 겐트대학교의 화학 교수로 재직하고 있을 때의 일이었다. 그는 벤젠의 분자 구조를 이해하기 위해 한동안 고심을 했으나, 도무지 답이 떠오르지 않았다.

    그러던 어느 날 그는 책상에 앉아 교재를 집필하고 있었는데, 벤젠 문제에 온통 신경을 쓰느라 진도가 제대로 나가지 않았다. 잠시 머리를 식히려고 난로 쪽으로 의자를 돌려 쉬다가, 깜박 잠에 빠져들면서 다음과 같은 꿈을 꾸었다.

다시금 원자들이 내 눈앞에서 춤을 추며 돌아다녔다.
이번에는 작은 그룹이 얌전하게 배경으로 물러나 있었다.

유사한 종류의 반복되는 환상에 훈련된 내 마음의 눈은

이제 다양한 모양의 더 큰 형태를 분별했다.

많은 형태로 더 촘촘하게 결합된 긴 열들.

모든 것이 뱀처럼 휘감기며 돌아가는 움직임을 보여주었다.

그런데 보라! 저게 무엇인가?

뱀 한 마리는 자기 꼬리를 물고 있었고,

그 모양은 조롱하듯이 내 눈앞에서 소용돌이치고 있었다.

그는 번개에 맞은 것처럼 잠에서 깨어났다. 그리고 이번에도 그는 다시금 꿈이 보여준 바를 현실에서 완성하기 위해 그날 밤을 지새웠다. 그리하여 그는 유기화학에 혁명을 가져다준 벤젠 고리로 알려진 벤젠 분자 구조의 비밀을 풀 수 있었다.[37]

이 꿈 이야기는 케쿨레의 업적을 기리기 위해 1890년에 모인 독일 화학학회 회원들 앞에서 그가 직접 들려준 것이다. 그는 이때에만 꿈의 도움을 받은 것이 아니라, 이전에 지방족(脂肪族) 화합물의 분자 구조에 대한 그의 이론을 발전시킬 때에도 같은 경험을 한 적이 있었다. 그래서 그는 앞의 꿈 이야기를 하면서 '다시금', '이번에도'라는 표현을 사용했다.

그는 이 자리에 모인 저명한 과학자들을 상대로 '꿈을 소중히 여겨

---

37 Delaney, G. (1996). Living Your Dreams (rev. ed.). New York: HarperCollins Publishers Inc. 207.

라!'는 권고로 자신의 연설을 마무리했다.

"존경하는 회원 여러분, 우리 모두 꿈을 꾸는 방법을 배우도록 합시다. 그러면 아마도 우리는 더 많은 진리를 발견하게 될 것입니다."

이 말과 함께 그는 과학자답게 꿈을 제대로 해석하지 못했을 때 따르는 위험에 대한 경고도 잊지 않았다.

"그러나 깨어 있는 이성적인 마음에 의해 '그 의미가 이해되어' 확증되기 전에 우리의 꿈을 발표하지 말도록 합시다."[38]

케쿨레의 꿈은 벤젠의 분자 구조를 그대로 다 보여주지는 않았다. 다만, 뱀이 입으로 자신의 꼬리를 물고 있는 고리 형태를 보여주었을 뿐이다. 그러나 이 형태를 보는 것만으로도 문제를 풀기 위해 고심하던 그에게는 결정적인 단서로 작용했다. 이전까지 생각하지 못했던 방법으로 문제에 접근할 수 있었고, 그 결과 고리 모양으로 이루어진 벤젠의 분자 구조를 풀 수 있었다.

이렇게 문제의 해결책을 제시하는 꿈의 경우, 해결책을 있는 그대로 보여주기보다는 결정적인 실마리를 제공하는 경우가 많다. 그 암시를 이용하여 문제를 해결하는 것은 전적으로 꿈꾼 사람의 몫으로 남는다. 이를 누구보다 더 잘 실천한 사람이 바로 케쿨레였다.

---

[38] Delaney, G. (1996). 207.

슬럼프에서
벗어나도록 도와준
프로 골퍼
잭 니클라우스의 꿈

◆×××◆×××◆

　잭 니클라우스는 20세기가 배출한 가장 뛰어난 골프 선수 가운데 한 사람이다. 그의 실력을 아는 사람들은 앞으로 그보다 더 뛰어난 선수는 나오지 않을 것이라고 말할 정도이다. 이런 그도 슬럼프에 빠져 공을 제대로 치지 못했던 때가 있었다.

　1964년 6월 27일자 〈샌프란시스코 크로니클〉지에는 잭 니클라우스의 인터뷰 기사가 실려 있는데, 그가 어떻게 슬럼프에서 빠져 나왔는지를 들려주는 내용이다. 슬럼프에서 벗어나기 위해 잭 니클라우스는 자신이 공을 치는 자세를 철저히 분석하고 강도 높은 훈련을 계속했다. 그러나 조금도 나아지지 않았고, 성적은 계속 저조했다.

　그러던 어느 날 밤에 꿈을 꾸었다. 꿈에서 **그는 골프 클럽을 평소와는 다른 방법으로 잡은 채 스윙을 하고 있었으며, 그것은 완전한 스윙이**

었다. 그 다음 날, 경기가 끝난 후 기자와 인터뷰를 하는 시간에 그는 쑥스러운 듯이 자신의 경험담을 들려주었다.

"어제 아침에 저는 골프장에 와서, 꿈에서 한대로 한번 시도를 해 보았는데, 그것이 먹혀 들어가는 것이었습니다. [중략] 나 스스로 꿈의 내용을 인정한다는 것이 어리석게 느껴지지만, 꿈에서 본 일이 실제로 일어났습니다."

꿈에서 본 대로 새로운 방법으로 클럽을 잡고 스윙하는 방법을 배운 후, 그의 성적은 급격하게 향상되었다. 그래서 다시금 예전의 실력을 회복할 수 있었다.

잭 니클라우스의 경우는 평소 꿈에 대해 부정적이었고, 꿈을 대수롭지 않게 생각했다. 그의 인터뷰는 이런 사람이 꿈을 통해 확실한 도움을 받았을 때 보이는 전형적인 모습이다. 꿈을 통해 슬럼프를 벗어날 수 있는 결정적인 해결책을 얻었는데도, 그런 사실을 말하는 자신이 어리석게 느껴질 정도로 그는 꿈을 비합리적인 것으로 여겼던 것을 볼 수 있다.

이렇게 예외적인 경우도 있지만, 꿈을 중요시하지 않고 무시해버리는 사람들에게 꿈은 아무런 도움을 주지 못한다. 그 후로 잭 니클라우스가 꿈에 대한 생각을 바꾸고, 꿈을 소중하게 여기게 되었는지는 알 수 없다. 그러나 만일 그가 이 사건을 계기로 꿈을 달리 생각하기 시작하고 꿈에 관심이 생겼다면, 잭 니클라우스는 꿈을 통해서 더 많은 도움을 받으면서 살고 있을 것이다.

예술가들의 창작 활동에
영감을 준 꿈

◆✕◆✕◆

꿈을 치료의 중요한 수단으로 활용하고 있는 심리 상담자들 다음으로, 꿈의 가치를 알고 최대한 활용하는 사람들은 창작 활동에 종사하는 예술가들일 것이다. 의외로 많은 예술가들이 꿈의 가치를 알고, 꿈을 통해 작품을 위한 영감을 얻었다고 말한다. 이는 그들의 뛰어난 예술적 감각이 꿈에 보는 형상을 예사롭게 보아 넘기지 않고, 그들의 작품을 위한 중요한 소재로 활용하도록 했기 때문일 것이다.

유명한 신비적 예술가인 윌리엄 블레이크에게는 깨어 활동하는 삶과 꿈이 서로 뒤섞여 있다고 할 정도로 꿈이 중요한 역할을 했다. 이런 사실의 일면은 그가 자신의 작품에 이름을 붙이면서 '꿈'이라는 말을 종종 사용한 것을 통해서도 알 수 있다. 그만큼 꿈을 귀중하게 여겼다. '꿈'이라는 단어가 들어간 그의 대표적인 작품으로 '캐서린

여왕의 꿈'과 '오, 내가 불가능한 일을 얼마나 꿈꾸었던가?'가 있다.[39]

그는 꿈이 그에게 커다란 영감의 원천이 되었다는 사실을 직접 인정한 바 있다. 그가 연필로 어떤 남자의 상반신 초상화를 그리고 나서, 제목을 '윌리엄 블레이크의 꿈속에서 그에게 그림을 가르친 사람'이라고 붙인 사건이다. 윌리엄 블레이크는 자신에게 창조적 영감을 준 꿈의 작용을 가상적인 인물로 구체화시켜 그렇게 표현한 것이다.

또 스웨덴의 영화감독이었던 잉마르 베리만은 꿈에서 본 형상을 영화의 장면으로 재창조한 감독으로 널리 알려져 있다. 그는 〈벌거벗은 밤(Naked Night)〉과 〈산딸기(Wild Strawberries)〉에서 자신이 꿈에서 본 일화를 그대로, 영상으로 연출한 것으로 유명하다.

잉마르 베리만은 인터뷰에서 꿈과 자신의 작품과의 관련성에 관해 다음과 같이 말했다.

"나는 나의 모든 영화가 꿈인 것을 알게 되었다. 물론 내 영화의 일부가, 정확히 말해 영화의 어떤 부분들이 꿈인 것을 알고 있다. 여기서 더 나아가 나의 모든 영화들이 꿈이라는 것은 내게 새로운 발견이었다."

그는 꿈이 사람들을 하나로 모으는 능력이 있다고 믿었고, 사람들이 자신들의 꿈과 친해지도록 하는 일에 아주 많은 관심이 있었다.[40]

---

39 Van de Castle, R. L. (1994). 11.

40 앞의 책. 12.

　　프랑스의 유명한 창작 예술가인 장 콕토는 시인이자 소설가, 그리고 극작가였고, 배우 겸 영화감독이었고, 화가였다. 그는 모든 예술 방면에서 뚜렷한 족적을 남긴 인물이다. 장 콕토는 서구에서 널리 알려진 '아서왕의 전설'을 자신만의 독특한 해석을 가미하여 새롭게 연출한 적이 있다. 특히 그는 '아서왕의 전설'을 연출한 과정에 대해 다음과 같이 말했다. 꿈에서 도입부와 3개의 막, 그리고 등장인물들에 관한 정보를 얻었다고 설명했다. 또 그는 꿈에서 힌트를 얻은 후, 자료가 부족했던 주인공들과 사건들에 대해 심도 깊은 연구를 수행할 수 있었다고 한다. 그 결과, 〈원탁의 기사〉를 완성하게 되었다.[41]

　　꿈에서 얻은 영감을 자신들의 창작 활동에 이용하여 작품을 만들었다고 고백하는 예술가들은 너무나 많기 때문에, 더 이상 열거할 필요성을 느끼지 않는다. 그 대신, 자신들에게 창작을 위한 영감을 주는 꿈을 어떻게 생각하고 있는지를 극명하게 보여주는 한 작가의 말을 소개하고자 한다.

　　『지킬 박사와 하이드』의 작가인 스티븐슨은 자신의 창작 활동에서 꿈이 하는 역할에 대해서 언급하면서, 꿈에서 이런 역할을 하는 주인

41　앞의 책. 13.

공을 '작은 요정들'이라고 부르고 있다.

> "글쎄, 꿈꾸는 자에 관해서 말하자면 그는 다름 아
> 닌 나 자신이라고 말할 수 있습니다. [중략] '꿈의 주체'인 작은 사람
> 들에 관해서는 내가 무슨 말을 해야 할까요? 그들은 다만 나의 작
> 은 요정들입니다. 신이 그들을 축복하시기를! 그들은 내가 잠에 빠
> 져들어 있는 동안 내 작업의 절반을 담당하고 있습니다." [42]

여기서 한 걸음 더 나아가 스티븐슨은 "'창작 활동에 관한한' 나는
전혀 작가라고 할 수 없다"고까지 단언했다. 그가 출판한 소설 전부가
'자기의 작품이라기보다는 자기 속에 있는 어떤 요정, 어떤 친숙한 사
람, 어떤 보이지 않는 동역자의 것'이라고 했다. 그리고 '그 신비스런
존재를 자기 내면의 골방 속에 가두어 두고 있다'고 말했다.

이런 스티븐슨의 주장은 꿈을 중요하게 생각하는 사람들에게도
좀 지나친 말로 들릴 것이다. 그러나 이처럼 꿈의 역할을 강조하는 스
티븐슨의 말은 꿈이 자신의 작업을 대신해준다는 것이 아니라, 잠을
자는 동안에도 무의식적으로 활동을 계속하는 뇌의 작용을 보여주는
것이고, 바로 이런 의미로 꿈의 중요성을 강조하는 것으로 받아들이
면 될 것이다.

---

42 Stevenson, R. L. (1947). A Chapter on Dreams. In R. L. Woods (Ed.), The World of
Dreams. New York: Random House. 878.

심리치료에서
문제 해결의 실마리를
제공하는 꿈

◆◇◆◇◆

심리치료에서 꿈을 주요한 치료의 수단으로 활용한다는 말을 한 적이 있다. 여기서는 심리치료가 어느 정도 진행된 상태에서 난관에 봉착하여 치료에 진전이 없을 때, 꿈이 그 난관을 뚫고 나가는 계기로 작용하는 사례에 대해 알아보기로 한다. 필자(김정희)가 만난 내담자의 사례를 먼저 소개하고, 다른 사례를 하나 더 소개하겠다.

● 등 뒤로부터 습격당하는 꿈

꿈이란 주로 꿈 주인이 깨어 있는 동안 의식하지 못하거나, 소홀히 여기는 자신의 내면세계를 보여주는 것이다. 이 때문에 상담을 하면서 털어 놓고 싶지 않은 내면의 모습이 내담자의 꿈을 해석하는 과정에서 자연스럽게 드러나기도 한다. 이런 일이 일어나면 내담자의 꿈은 제자리걸음을 하고 있는 상담을 앞으로 나가도록 하는 결정적인 역할을 한다. 바로 여기서 우리는 상담에서 꿈 해석을 중요시하는 이유의 하나를 찾을 수 있다.

다음 꿈 사례의 주인공은 자신의 약점이라면 그것이 비록 사소한 것이라도 결단코 인정하려 하지 않는 강한 성향이 있어 대인관계에 어려움을 겪었다. 상담을 하면서도 자신의 약점에 관한 대화를 나눌 때면 그것을 약점이 아니라고 부인하거나, 아무 말을 하지 않고 침묵을 지키거나, 다른 주제로 넘어가버리기를 반복해서 상담이 진전을 보지 못하고 있었다. 그러던 어느 날, 내담자는 다음과 같은 꿈을 보고했다.

**어딘가를 걸어가고 있는데,
뒤에 누군가 있는 것 같아서 돌아보니 어떤 사람이 나를
쳐다보고 있다. 그 사람이 나를 해칠 것 같은 불안한 마음이 든다.
아니나 다를까, 그 사람이 나를 향해 작지만 뾰족한 칼을
아주 빠른 속도로 던진다.
나는 "악!" 소리를 내면서 잠에서 깨어난다.**

그동안 이 꿈 주인은 사람들이 자신의 사소한 약점을 이용하여 자

신을 해롭게 하지는 않을까, 전전긍긍하면서 살았다. 그러나 이런 생각을 애써 무시하면서 지내왔다. 자신이 가지고 있는 약점은 결코 약점이라고 할 수 없는 정도라고 애써 강조했다. 그렇지만 아무리 태연한 척 해도 마음에 깊이 도사리고 있는 자신의 약점으로 인한 불안감을 떨칠 수 없었다. 그래서 상담을 하면서도 자신의 그런 마음을 털어놓을 수 없었다. 상담자마저도 자신의 약점을 이용하여 자신을 해롭게 할 것이라는 불안한 마음에서였다.

상담자가 꿈에 나타난 알지 못하는 누군가에 대해 물어 보자, 내담자는 자기 주위에 있는 모든 사람들이라고 했다. 계속해서 그 사람이 뒤에 서서 자기를 쳐다보고 있다는 것은 무슨 의미인지를 물었다. 그러자 내담자는 다음과 같이 말했다.

"뒤에 있다는 것은 저의 뒷모습으로 표상되는 제 약점을 알고 있는 사람을 의미해요."

마지막으로 그 사람이 작지만 뾰족한 칼을 던지는 것의 의미가 무엇이냐고 물었다. 그러자 내담자는 자기의 약점을 날카롭게 파고들어 자신을 해롭게 하는 행동이라고 대답했다.

이렇게 꿈을 해석하는 과정에서 꿈 주인은 자신도 모르는 사이에 평소 약점에 대해 매우 신경을 쓰고 있었다는 사실을 고백했다. 그리고 다른 사람들이 그 약점을 이용하여 자신을 해롭게 할 것 같아서 대단히 불안해했다는 것을 알게 되었다고 한다. 나아가 꿈 주인은 지금까지 약점을 숨기기 위해 몸부림치면서 살아 왔던 자신의 인생의

참모습을 직면할 수밖에 없었다.

　이러한 과정을 겪으면서 상담은 큰 진전을 보이기 시작했다. 내담
자는 그 후로 한결 편하게 자신의 약점과 직면할 수 있었다. 그래서
약점으로 괴로워하는 자신을 깊이 느껴보고, 그걸 보듬어주는 작업
을 진행할 수 있었다.

● 노를 젓지 않고 있는 꿈

　다음에 소개할 꿈 사례의 주인공은 30대 중반의 여성으로 처음 심
리치료를 시작할 때 대학을 갓 졸업한 20대 초반이었다. 그 당시 그
녀는 사회적으로 매우 고립된 상태였고, 부모에게 심리적으로 의존
하고 있었다. 또한 최근에 일어난 오빠의 비극적인 죽음으로 정신적
인 고통에 빠져 있었다.

　전체적으로 그녀의 심리 상태는 몹시 불안하고 우울했지만, 자신
의 감정을 병적으로 억압하고 있었다. 치료 초기에 그녀가 꾼 꿈들은
무기력과 공포, 절망과 좌절 등 절박한 그녀의 심리 상태를 그대로 보
여주었다.[43]

---

43 여기에 소개하는 사례는 다음의 책에서 인용했다. Natterson, J. M. (1993). Dreams: The
Gateway to Consciousness. In G. Delaney (Ed.), The Dream in Clinical Practice. New
Jersey: Jason Aronson Inc. 65-68.

나는 나의 방에 있었다.

한 남자 침입자가 나에게 다가왔다. 나는 두려움에 사로잡혔다.

왜냐하면 그의 의도가 무시무시했기 때문이다.

그는 나를 신체적으로 괴롭히기 시작했으며,

마지막에는 죽이려고 벽에 내던지기까지 했다.

나는 벽에 부딪히면서 튀어 나왔는데,

뼈가 부러지고 연한 살에 끔찍한 상처를 입어 죽게 되었다.

치료를 시작하고 나서 5, 6년 후에 그녀의 증세는 크게 호전이 되어 생활의 활동 범위가 넓어졌다. 그리고 자신의 직업을 소중하게 여기고 즐기게 되었다. 나아가 박사과정에 진학하여 공부를 할 수 있었으나, 그녀의 대인관계는 여전히 피상적이고 제한적이었다. 또 이 과정에서 2년 동안 치료를 중단하기도 했다.

치료를 속개하고 나서 처음에는 순조롭게 치료가 진전이 되었다. 그러나 그녀가 박사학위 논문을 쓰기 시작하면서 상황이 나빠지게 되었다. 불안과 우울과 심한 낙담으로 공부를 할 수 없게 되었다. 그래서 치료는 더 이상 진전이 없었다. 이에 치료자는 이 난관을 돌파하기 위해 몇 주 동안 그가 할 수 있는 모든 치료 수단을 동원했다.

그런데도 아무런 효과를 거둘 수 없게 된 치료자는 마지막으로 그녀에게 이렇게 제안을 했다.

"당신에게 지난 10년 동안의 치료는 뭔가 부적절한 것 같습니다.

이제부터 나 대신 여성 치료자에게 가서 치료를 받는 것이 더 도움이 되리라고 생각하는데 어떻게 생각하십니까?"

치료자가 이 말을 하자, 그녀는 생각할 시간을 며칠 좀 달라고 했다. 그 다음날, 치료 시간에 그녀는 지난밤에 꿈을 꾸었다고 보고했다.

나는 배를 타고 있으나, 내가 맡은 노를 젓고 있지 않았다.
선장은 노인이었는데, 나에게 엄숙하게 명령하기를,
노를 젓든지 아니면 뒤로 물러나든지 하라고 했다.
깜짝 놀라 나는 선장의 말에 복종했다.

치료자는 내담자와 함께 이 꿈의 의미를 탐색했다. 꿈에서 내담자가 자신의 노를 젓지 않고 있었던 형상은 환자가 실제 치료에서 자신이 해야 하는 의무를 감당하지 않고 태업을 했던 것을 의미한다. 심리치료에서 중요한 것은 낫고자 하는 환자의 적극적인 의지와 태도이다. 그런데 어느 순간 환자는 자신도 모르는 이유로 더 이상 자신의 역할을 하지 않았다. 내담자의 꿈 이야기를 들으면서 치료자는 나름대로 치료가 난관에 봉착하게 된 이유를 짐작할 수 있었다.

꿈에서 내담자는 노를 젓기를 거부했는데, 치료자는 내담자가 스스로 태업을 하는 원인을 찾을 수 있도록 함께 탐색하는 일을 했다. 그 결과, 환자의 마음에 있는 홀로서기에 대한 두려움을 발견했다. 그 두려움이 바로 치료에서 환자가 자신의 책임을 다하지 못하도록 작용한다는 것을 알아냈던 것이다.

한편, 이 꿈을 통해서 드러난 환자의 본심은 다음과 같다. 선장처럼 나이 많은 치료자의 명령에 복종하는 것으로 표현된 현재 치료자와 치료를 계속하고 싶어 하는 마음이었던 것이다. 이 꿈대로 두 사람이 협력하여 문제의 원인을 알고 그 원인을 해결하게 되었다. 그러자 치료는 다시 정상적인 궤도에 진입하여, 치료 목표를 향하여 나아갈 수 있었다.

이상으로 삶의 여러 상황과 다양한 직업에 종사하는 사람들에게 문제 해결의 역할을 하는 꿈의 사례에 대해 알아보았다. 앞에서 예로 든 꿈들은 유명한 사람들의 삶에서 따오기도 하고, 일반인들의 삶에서 따오기도 했다. 이를 통해 알 수 있는 것은 저마다의 꿈은 자신이 당면하고 있는 문제에 대한 해결책을 제시해주는 역할을 한다는 사실이다.

다음에 살펴 볼 꿈의 사례는 몸의 건강과 관계된 꿈이다. 여기에는 몸의 질병을 미리 알려주는 꿈, 질병의 치료 방법을 제시하는 꿈, 치료 과정을 보여주는 꿈 등이 있다.

꿈이 신체적이고 생리적인 현상과
연관이 있다는 사실은 이미 오래 전부터 사
람들이 경험을 통해 알고 있는 사실이다. 오늘날 남
아 있는 기록에 의하면, 고대인들은 병에 걸렸을 때 신전
에 가서 꿈을 통해 치유책을 얻곤 했다.

고대 그리스의 학자들 중에는 질병과 꿈의 내용이 서로 연관성
이 있다는 주장을 한 사람들이 있다. 아리스토텔레스는 질병과 다
른 신체적 이상의 시작은 깨어 있을 때보다 잠을 잘 때 더 분명하게
드러난다고 했다. 그리하여 꿈을 통해 질병의 징조를 감지할 수 있다
는 사실을 암시했다.

이뿐만 아니라, 의학의 아버지라 불리는 히포크라테스는 질병, 체
액의 불균형, 신체적 조건 등을 지적해 주는 꿈이 있다고도 말했
다. 또 그는 질병의 증상을 알리는 꿈도 있다는 사실을 언급하
기도 했다. 이런 그의 주장은 몸과 마음은 상호의존적이라
는 이해에 근거하고 있다. 그러므로 의사들이 환자의 신
체적 질병을 치료할 때, 신체증상과 아울러 꿈이 알
려주는 도움을 이용할 수 있다면 더 효과적
일 것이다.

Part 8
몸의 건강과
관련된 꿈을
읽다

How To Read A Dream

암의 발병과 관련된 꿈

◆◆◆◆◆◆

버나드 S. 시겔 박사는 예일대학교 의학전문대학원의 암 전문 임상의사이다. 그리고 그는 『사랑, 의약, 그리고 기적』이라는 책의 저자이기도 하다. 그는 꿈 연구협회의 첫 번째 학술회의에서 꿈을 통해 암의 발병을 예견한 몇 가지 사례들을 발표했다. 다음은 그 가운데 한 사례이다.

유방암에 걸린 한 환자는 **그녀의 머리가 빡빡 깎였으며, 머리에 '암'이라는 글자가 쓰여 있는 꿈**을 꾸었다. 꿈에서 깨어 눈을 뜨면서 그녀는 자신의 암이 뇌에까지 전이되었다는 사실을 짐작했다. 그러나 이 꿈을 꾼 당시에는 전이에 대한 신체적 신호나 징후를 볼 수 없었다. 3주가 지난 후 정밀 진단을 받았을 때, 그녀의 꿈이 사실인 것으로 판명

되었다.[44]

　정신 분석가이며 신경과 의사인 다니엘 슈나이더 박사는 질병의 전조가 꿈에 나타나는 현상에 대해 연구한 후, 그 결과를 발표한 적이 있다. 그는 이 관계를 원형질 개념으로 설명했다. 몸의 각 세포에 있는 원형질이 화학적 코드와 또 다른 코드를 통하여 부차적 의식(para-conscious)에 신호를 보낸다. 그런데 이 의사소통체계가 임박한 질병에 대한 경고를 꿈으로 나타나도록 근거를 제공한다고 주장했다.

　슈나이더 박사는 자신이 관찰한 암 환자의 발병을 경고하는 꿈 중 몇 가지 사례를 제시했다. 다음은 그중 하나다. 꿈꾼 사람은 지독한 골초로, 다음과 같은 꿈을 반복적으로 꾸었다.

나는 군인으로 전쟁터에 와 있으며,
속이 텅 빈 나무둥치 안에 몸을 숨기려고 한다.
나는 기관총이 발사되는 소리를 듣고 아래를 내려다보는데,
총알이 나무를 뚫고 내 몸을 왼쪽 아래 가슴 부위로부터
오른쪽까지 정확하게 가로질러 몸을 선명하게
반으로 잘라놓는 것을 본다.

44　Siegel, B. S., & Siegel, B. (1983). A Surgeon's Experience with Dreams and Spontaneous Drawings. Dream Work Network Bulletin, Feb. 2.

슈나이더 박사가 이 환자에 대해 정밀 검진을 실시한 결과, 그의 왼쪽 폐의 아랫부분에 작은 종양이 있는 것을 발견했다. 다행히 그 종양이 다른 부위로 전이되지는 않은 상태였다.

한편, 다른 암 환자의 경우 쓸개의 암 세포가 온몸으로 급속하게 전이되고 있었다. 이 환자는 슈나이더 박사에게 **그의 온몸이 폭발하여 수천 조각으로 흩어지는 꿈**을 꾸었다고 보고했다.[45]

이상 언급한 암과 관련된 꿈의 사례는 좀 극적인 데가 있어서, 혹자는 신빙성에 의문을 나타낼 수도 있을 것이다. '꿈보다 해석이 좋다'는 말로 그럴듯하게 해석한 것이라고 치부할 수 있다. 그러나 이 꿈을 보고한 학자들이 꿈 연구 분야와 질병 치료의 권위자라는 점을 고려한다면 충분히 납득할 수 있는 사례이다.

45　Van de Castle, R. L. (1994). 366.

심장 질환과
관련된 꿈

◆◇✕◇✕◇◆

　학자들의 연구 결과에 의하면, 심장 질환과 심리작용에 관한 연구에서 흥미로운 점이 두 가지 발견되었다. 한 가지는 심장에 이상이 있는 경우, 다른 질병보다 더 뚜렷하게 꿈에 나타난다는 것이다. 그리고 다른 하나는 심장 질환이 있는 경우에는 깨어 있는 동안에도 심장과 관련된 내용을 더 많이 마음의 형상으로 투사한다는 사실이다. 심장 질환과 관련된 꿈의 내용을 먼저 살펴보기로 하자.

　아래는 카사트킨 박사의 책에 제시된 심장 질환과 관련된 꿈 사례 중, 최근에 남편을 잃은 한 환자가 꾼 꿈이다.

나는 공동묘지에 있는 남편의 무덤 위에 앉아 있었다.

그때 뼈만 앙상한 해골의 두 손이

무덤으로부터 나와서 나를 잡았다.

한 손은 나의 목을 잡았고, 다른 한 손의 손톱은

내 심장 부근에 있는 살을 깊이 파고 들어갔다.

나는 목이 졸리는 느낌으로 잠에서 깨어났는데,

심장 박동이 가볍게 정지되는 현상을 경험했다.[46]

앞에서 심장 질환이 있는 경우, 깨어 있을 때에도 심장과 관련된 형상을 더 많이 투사하는 경향이 있다고 언급했다. 이는 잉크 반점을 이용한 실험적인 연구에 의해 밝혀진 것이다. 실험자는 세 장의 카드를 피검자에게 제시했다. 각 카드에는 빨강과 파랑 색 등의 잉크로 된 하트 모양의 얼룩이 새겨져 있었다. 그런 다음 피검자에게 무엇을 보았는지 설명하도록 했다.

응답자들 가운데서 가슴에 통증이 있거나 심장 박동이 규칙적이지 않는 등 심장 이상이 있다고 답한 사람들은 심장이 정상적이라고 답한 응답자들보다 카드에서 빨강 하트 모양의 형상을 보았다고 답하는 경우가 현저하게 많았다. 또는 현저하게 적은 것으로 양극 현상을 보였다. 이는 심장이 비정상적인 사람들은 심장의 자극을 예민하게 알아차리고 있거나, 혹은 그런 자극을 의식적으로 외면하고 있다

---

46 Van de Castle, R. L. (1994). 367.

는 사실을 보여주는 것으로 해석할 수 있다.[47]

　여기서 심장 질환이 있는 사람들이 그렇지 않은 사람들보다 빨강 하트 모양의 형상에 대해 더 예민하게 반응하는 것은 쉽게 이해할 수 있는데, 그 반대의 경우는 이해가 잘되지 않을지도 모른다. 이는 병에 걸렸을 때 그 사실을 인정하지 않고 부인하려는 사람들의 심리적 특성과 관련이 있다. 정상적인 사람들보다 현저하게 빨강 하트 모양의 형상을 인식하지 못한다는 사실은 심장 질환이 있는 사람들이 그들의 질병을 부인하고 있음을 나타내는 것이다.

　지금까지 암과 심장 질환과 관련된 꿈 사례에 관해 알아보았다. 그렇다고 다른 질병의 경우는 꿈과 관련이 없다는 것은 아니다. 다만, 현대인이 경험하는 가장 중요한 질병에 암과 심장 질환이 속하기 때문에 이들과 관계된 사례를 들었을 뿐이다.

47　Van de Castle, R. L. (1994). 357.

병의 치료를 위해
처방을 제시한 꿈

◆✖◆✖✖◆

　질병과 꿈의 관계를 연구하는 학자들에 의하면, 질병에 걸렸다는 사실만 꿈에 나타나는 것이 아니라 그 치유책이나 회복되는 과정이 꿈을 통해서 알려지기도 한다. 이런 현상은 앞에서 살펴본 대로 꿈이 생활에서 직면하는 여러 가지 문제에 대한 해결책을 제시하는 역할을 한다는 사실과의 연장선에서 이해할 수 있다.

　사실 꿈을 통해 질병에 대한 치유책을 얻게 된 사례는 오랜 옛날부터 있었던 것으로 알려져 있다. 로마시대의 플리니가 쓴『자연사(Natural History)』에는 알렉산더 대왕의 꿈 이야기가 실려 있다. 그의 친구인 프톨레마우스가 독으로 인한 상처로 죽어가고 있을 때, 알렉산더 대왕이 꿈을 꾸었다.

용이 입에 어떤 식물을 물고 나타나서,
그 식물이 프톨레마우스를 치료하게 될 것이라고 말했다.

잠에서 깨어난 알렉산더 대왕은 꿈에서 본 장소에 가서 용이 가르쳐준 식물을 구해오도록 명령했다. 이렇게 하여 프톨레마우스뿐만 아니라 같은 독으로 고통을 당하고 있던 다른 많은 군인들을 그 식물로 치료할 수 있었다.[48]

옛날 사람의 꿈 이야기는 많은 경우 신빙성이 없는 것으로 간주되기 쉬운데, 특히 꿈을 통해 치료 방법을 알게 되었다는 내용은 더욱 그렇다. 그러나 꿈에 관한 한 현대인과 고대인의 경험에 큰 차이가 없다는 사실이 밝혀지고 있다.

다음에 소개할 사례는 꿈이 보여준 방법을 통해 병을 치료한 평범한 현대 주부의 경험담이다.

수술을 받은 후 1년 넘도록 항생물질에 의존하던 한 부인은 만성적인 질의 효모균 감염으로 고통을 당하고 있었다. 병원에서 통상적인 방법으로 치료를 받았으나 아무런 소용이 없었다. 그러던 중, 친구의 권유에 따라 비타민 B 복합제의 일종인 엽산을 다량으로 복용하기 시작했다. 며칠 후 그녀는 복통을 앓게 되었으며, 그날 밤에 꿈을 꾸었다.

---

48 Van de Castle, R. L. (1994). 373.

나는 부엌에서 '산(酸)'이 들어 있는 그릇을 옮기고 있었으나,

어찌해야 할지 몰라 당황하고 있었다.

꿈의 또 다른 장면에서 나는 효모와 딸기가 들어 있는

어떤 갈색 빵을 고양이에게 주고 있었으며,

고양이는 게걸스럽게 그것을 삼키고 있었다.

잠에서 깨어난 부인은 꿈의 의미를 골똘히 생각하는 가운데, 나름 대로 그 의미를 이해하게 되었다. 산이 담겨 있는 그릇은 자기가 복용하고 있는 엽산을 의미하는 것으로 받아들여 비타민 복합제의 복용을 중단했다. 그 대신 효모정제를 복용하기 시작했는데, 이는 꿈에서 고양이가 효모를 맛있게 먹는 것처럼 보였기 때문이다. 그러자 그녀의 복통은 거의 즉각적으로 사라졌으며, 며칠 뒤 그녀의 효모균 감염 증상은 현저하게 호전되었다.[49]

이상의 두 사례는 병을 치료하는데 필요한 처방을 꿈을 통해서 알고, 그 처방대로 하여 병을 치유하게 된 경우이다.

---

49 Van de Castle, R. L. (1994). 373.

● 미국의 유명한
   꿈 연구 전문가의 경험담

  다음에 소개할 사례는 미국의 유명한 꿈 연구 전문가인 로버트 캐슬 박사의 경험담이다. 한번은 그가 일사병에 걸렸는데, 회복되는 과정이 꿈을 통해 나타났다.

  1982년 그는 10마일 크로스컨트리 경주에서 자신의 개인 기록을 갱신하려고 온 힘을 다하여 뛰다가 일사병으로 쓰러졌다. 그가 깨어났을 때 그는 구급차 안에 누워 있었다. 그리고 병원에 도착하자마자 의료진들이 그의 온몸을 얼음 팩으로 차게 하여 체온을 정상으로 회복시켰다. 검진 결과, 다른 문제가 없어서 하룻밤을 병원에서 지낸 다음 퇴원을 했다. 그러나 그는 신체적으로 매우 허약하고, 정신적으로도 대단히 흐릿한 상태였다. 그는 신체적으로 너무 심각하게 충격을 받은 상태였기 때문에, 처음 며칠 동안은 꿈조차 제대로 기억할 수 없었다.

  일사병으로 쓰러지고 며칠이 지난 후, 그는 처음으로 꿈을 기억할 수 있었다. 다음은 그 내용이다.

  나는 두 명의 동료들과 텔레파시 연구를 하고 있었으며,
  자극을 조사하는 일을 맡고 있었다.
  그러나 모든 것이 너무 빨리 흘러가서

나는 실험을 중단하라고 지시했다.
그렇지 않으면 연구의 신뢰도가 무너지기 때문이었다.
그런 다음 나는 수나사와 암나사를 찾기 위해
도구가 들어 있는 상자를 뒤적이고 있었다.

캐슬 박사는 이 꿈이 자신이 정신적인 집중을 하는데, 어려움이 있다는 것을 보여주는 것으로 해석했다. 나아가 그는 꿈을 통해서 활동을 서서히 시작할 필요가 있다는 것과, 육체의 회복을 위해서 기본적인 요소에 관심을 가질 필요가 있다는 것을 인식했다.

이틀이 지난 다음 꾼 꿈에서, **그는 음악이 연주되는 축하만찬에 참석하고 있었다. 무대 위에서는 한 연기자가 벽으로 올라가는 놀랄만한 스키 동작을 보여주었다. 그는 다른 무대 위에 있었는데, 아주 최소한만 움직이고 있을 뿐이었다.** 그는 이 꿈을 현실에서 자신이 가지고 있는 건강에 대한 생각을 보여주는 것으로 해석했다. 실제로 그는 다시 달릴 수 없을 것 같다는 생각에 크게 불안했다. 이와 동시에 운동기구를 사용하여 운동을 할 때에도, 건강을 해치지 않도록 아주 최소한으로 움직여야 한다는 강박관념에 사로잡혀 있었다.

그날 밤에 꾼 또 다른 꿈에서는 그의 활동 템포가 증가하는 것을 보았다. **그는 달리기를 하고 있었고, 코너를 돌아 가속도를 내고 있었다. 꿈의 이 시점에서 그는 의사에게 얼마동안은 달리기를 하지 않겠다고 한 약속을 기억해 내고, 꿈에서 달리기를 멈추었다.** 이 꿈을 꾸고 나서 캐슬 박사는 결국 '코너를 돌게' 되는 것으로 표현되는 달리기를 다시 할 수 있게 되리라는 확신이 생겼다. 그렇지만 그는 서두르지 말아야 하며, 과도한 신체활동은 하지 말아야 한다는 것을 깨달았다.

● 세 개의 작은 웅덩이가
   암시하는 것은

    캐슬 박사가 다시 꿈을 꾸게 된 것은 일사병으로 쓰러진지 10여 일이 지난 후였다. **세 개의 작은 웅덩이를 채울 양만큼의 피가 마룻바닥에 쏟아져 있었다. 그가 피를 깨끗이 닦고 있는데, 작은 개구리 한 마리가 나타났다.** 그는 이 꿈의 내용이 피 검진 결과를 미리 알려주는 것으로 해석했다. 그가 위험한 상태에서 벗어났으며, 여러 가지 신진대사의 지표들은 정상이 되었다는 검진 결과를 알려주리라는 것이었다.

    이 꿈을 해석하면서 그는 개구리에게 자신의 수호 동물 혹은 영적 안내자의 의미를 부여했다. 이는 그가 현실에서 개구리를 영적인 동물 혹은 특별한 치유 능력과 연관시키고 있었기 때문이다. 이 꿈을 꾸고 난 다음날, 그가 병원에 가자 간호사는 그의 회복 상태를 검진하기 위해 주사기 세 개에 해당하는 피를 뽑았다. 며칠 후에 그가 검진 결과를 받아들였을 때에는 꿈이 알려준 결과가 옳았다는 것을 확인할

수 있었다.[50]

지금까지 캐슬 박사가 일사병으로 쓰러진 다음, 회복되는 과정에서 꿈이 어떤 역할을 했는가를 좀 길게 소개했다. 그 이유 가운데 하나는, 캐슬 박사와 같은 꿈 전문가들이 꿈을 어떻게 활용하고 있는지 보여주기 위함이다.

앞에서 든 사례와는 달리 이 꿈에서는 구체적으로 어떻게 하면 치료가 된다는 그런 방법이 제시된 것이 아니다. 다만 치료의 결과가 어떻게 될 것인지, 그리고 환자는 회복을 위해 어떤 태도를 취해야 하는지가 나타나 있다. 여기서 중요한 것은 이런 내용이 그대로 꿈에 나타난 것이 아니라, 올바른 꿈 해석을 통해서 그렇게 되리라는 것을 알 수 있었다. 또한 그에 따라 치료에 도움이 되도록 꿈을 활용할 수 있었다는 사실이다.

---

50   Van de Castle, R. L. (1994). 371-372.

질병의
치유 역할을 한 꿈

◆※◆※◆

이번에 소개할 사례는 꿈이 실제로 질병을 치유하는 역할을 담당한 경우이다. 무슨 말인가 하면 어떤 사람이 질병이 치유되는 꿈을 꾸었는데, 꿈을 깨고 일어나 보니 실제로 병이 치유되었다는 사례이다.

꿈을 통해 부상에서 회복하는 과정을 알게 된 경험이 있는 꿈 심리전문가인 패트리샤 가필드 박사는 몸의 기능과 꿈의 관계에 대한 탁월한 책을 저술했다. 그녀가 수집한 사례 가운데 심한 편두통으로 40년 넘게 고생하던 여자가 꿈을 통해 고질적인 질병을 치유한 사례가 있다.

이 환자의 경우 1년에 3회에서 5회에 걸쳐 편두통이 엄습하곤 했다. 그리고 그렇게 되면 일주일 내내 아무것도 못하고 침대에 드러누워 있어야만 했다. 한번은 심한 편두통이 엄습해서 2, 3일 동안 계속되는 고통에 시달리고 있던 중 낮잠을 자다가 아주 긴 꿈을 꾸었다.

나는 늙은 할머니, 그분의 남편, 그리고 그들의 아들과 함께 있었다. 내가 할머니를 돌보고 있었는데 할머니는 죽어가고 있었다. 그러나 나는 나의 가족을 돌보기 위해 할머니를 그대로 방치하려고 했다. 그렇지만 할머니를 돌볼 사람이 아무도 없었기 때문에, 할머니가 죽을 때까지 함께 있기로 결심했다.

할머니가 죽고 장례가 끝난 후, 할머니의 남편과 아들이 나를 방문했다. 그런데 나는 편두통으로 고통스러워하고 있었다. 두 사람은 내 침대 곁에 서 있었다. 그 아들이 말하기를, 내가 자기 어머니에게 너무 친절하게 해주었기 때문에 나를 돕겠다고 했다. 그는 나의 손을 내 이마에 올려놓고 다음과 같이 말했다.

"당신은 두 번 다시 편두통을 앓지 않게 되리라!"

이 꿈과 함께 신기한 사건이 벌어졌다. 이 꿈을 꾸고 잠에서 깨어났을 때, 그렇게 오랫동안 이 환자를 괴롭히던 편두통이 거짓말처럼 깨끗이 사라져버렸다. 주인공이 이 꿈 이야기를 그의 친구에게 들려주었을 때에는 편두통에서 해방된 지 1년 반이 지난 다음인데, 그때까지 한 번도 편두통이 재발하지 않았다고 한다.[51]

---

51   Garfield, P. (1991). The Healing Power of Dream. New York: Simon and Schuster. 200.

이 사례는 꿈이 치유의 기능을 담당한 특별한 경우라고 해야 할 것이다. '특별하다'는 이유는 꿈을 통한 이런 치유가 분명히 가능한 것이긴 하지만, 한 사람이 평생 몇 번씩 경험할 수 있는 그런 흔한 것이 아닐 뿐만 아니라, 누구나 다 경험할 수 있는 보편적인 것이 아니기 때문이다.

꿈 자체가 본인이 꾸고 싶다고 마음대로 꿀 수 있는 것이 아니듯이, 꿈을 통해 이렇게 병에서 치유 받는 경험은 더더욱 원한다고 경험할 수 있는 예사로운 사건은 분명 아니다. 그렇다고 이런 사건이 일어날 수 있다는 것과, 내게도 일어날 가능성이 있다는 것을 부인할 필요는 없을 것이다. 꿈에 대해 마음을 열어 놓고, 내가 꾸는 꿈을 중시하면서 살다보면 꼭 질병에서 치유받는 꿈 경험이 아니더라도 그 못지않은 귀한 열매를 맛보게 된다는 사실이 중요한 것이다.

심인성 질병의
심리치료에 관한 꿈

◆×◆×◆×◆

심리적 문제가 신체 질환을 일으킨다는 사실은 오늘날 보편적으로 받아들여진다. 이런 심인성 질병의 치료에서 꿈이 어떤 역할을 하는지에 대한 사례를 소개하기로 한다. 그런데 그 전에 심리적 요인이 신체의 질병을 야기하게 된다는 사실을 인정하기까지의 과정을 간단하게 설명하고자 한다.

정신역동이론이 발달하기 전까지 근대 서구의 철학과 과학의 신체 질병에 관한 기본적인 신념은 다음과 같은 것이다. 신체 질환의 원인은 신체에 있으므로, 이 원인을 과학적·논리적으로 연구하여 치료해야 한다. 좀 더 구체적으로 말하자면, 신체적인 질병의 경우 세균이나 몸의 화학적 불균형이 문제를 일으키기 때문에 그 정확한 원인을 찾아 이에 적합한 치료를 하면 치료가 가능하다는 것이다.

여기서 한 걸음 더 나아가, 정신 질환의 치료 역시 신체적 질병과 같은 방법으로 가능하다고 생각한 학자들도 나타났다. 그들은 어떤 정신 질환의 경우 약으로 통제가 가능하다는 사실을 근거로 삼았다. 그래서 과학이 더 발달하면 정신 질환의 생리적·생화학적 원인을 규명할 수 있을 것이라고 생각했다. 이에 따라 화학적 치료 방법을 개발하여 치료할 수 있다고 낙관했다.

그러나 그들의 이런 신념과 달리, 화학적 치료 방법을 통한 정신질환 치료는 한계에 봉착했다. 이에 따라 심리학과 정신의학 분야에 종사하는 학자들 가운데 신체 질환과 정신 질환의 원인과 치료에 대해 다르게 생각하는 사람들이 나타났다. 그들은 인간의 심리적 문제가 신체 질병의 중요한 요인으로 작용할 수 있다고 주장했다. 이렇게 심리적 문제가 원인이 되어 나타나는 신체적 질환을 가리켜 심인성 질병이라고 한다.

심리적 요인이 질병을 일으킬 수 있다는 주장에서 한 걸음 더 나아가, 암과 같이 치명적인 신체 질환조차도 환자의 정신적인 태도나 신념과 연결되어 있다고 주장하는 학자들이 늘어났다. 그들은 환자를 치료할 때 수술, 화학약품, 방사선 등의 전통적인 치료 방법만을 고수하는 것이 아니라, 이에 부가하여 정신치료요법을 병행하여 사용한다.

● 계속 구토를 하는
   환자의 진짜 이유

이제 신체적 질병의 치료에서 꿈을 통한 심리적 요법이 어떤 역할을 하는지 구체적인 사례를 통해서 알아보자. 로마 플라워스 박사는 암 수술을 받은 여자 환자의 심리치료를 의뢰받았다. 이 환자는 암 때문에 복부 수술을 받았고, 수술 후 경과는 좋았다. 그러나 얼마 지나지 않아 구토하기 시작하여, 2주간이나 계속되었다.

환자가 구토를 계속하자, 담당 의사들은 무엇이 잘못되었는지 알아보기 위해서 재수술을 할 수밖에 없었다. 그러나 수술을 담당한 의사들은 먼저 정신과 의사에게 환자의 심리상태에 대한 의견을 들을 필요가 있다고 판단했다. 그들은 이 환자를 플라워스 박사에게 보내, 환자의 구토 증상이 심리적인 요인에 의한 것인지를 밝혀달라고 요청했다.

환자와의 두 번째 상담에서 플라워스 박사는 환자가 꾼 꿈을 소재로 삼아 환자의 직업과 관련된 문제를 다루었다. 상담을 하고 난 후, 환자는 직장에서 자신을 더 잘 컨트롤할 수 있다는 느낌을 받았다. 그 다음날, 환자의 구토 증세는 다소 줄어들었으나 여전히 구토가 계속되었다.

증세가 다소 호전되는 것을 보면서 플라워스 박사는 구토의 원인이 심리적인 것이라고 확신했다. 그러면서 나름대로 드러나지 않은 원인에 대한 가설을 세웠다. 그리고 이 가설을 입증할 증거를 찾기 위해 다시 한 번 환자와 함께 환자의 과거사를 탐색했다. 그 결과, 환자는 자기 아들을 잃어버린 데 대한 슬픔을 직면했고, 이걸 해소할 필요가 있다는 사실이 밝혀졌다. 플라워스 박사는 이 환자의 해소되지 않은 슬픔 때문에 복부 질환이 생겼으며, 현재 환자가 계속 구토 증세를 겪는다고 생각했다.

플라워스 박사는 환자에게 이런 자신의 이해를 설명해 주었다. 그리고 더 나아가 꿈이 그 슬픔을 직면하여 해소할 수 있는 유용한 방법이 될 수 있기 때문에 잃어버린 아들을 생각하면서 잠자리에 들도록 권했다. 의사의 지시대로 아들을 생각하면서 잠자리에 든 환자는 그날 밤, 아들에 관한 꿈을 꾸었다.

나는 오래전 아들이 어린 아이였을 적에 그랬던 것처럼
아들과 함께 어린이들이 즐겨 하는 카드놀이를 하고 있었다.
아들은 늘 그랬듯이 카드로 속임수를 쓰면서
재미있다는 듯이 장난기 넘치는 웃음을 띠었다.

이 꿈에서 환자는 급작스런 참극으로 잃어버린 아들과 함께 보냈던 행복한 시간들을 다시 경험할 수 있었다. 사람은 누구든지 사랑하는 사람과 가졌던 지난날의 좋은 시간을 다시 경험할 때, 그 사람을 잃어버린 슬픔을 진정으로 슬퍼할 수 있다. 그리고 그 과정에서 슬픔을 해소하고, 거기서 벗어날 수 있다.

아들에 대한 환자의 꿈은 아들과 함께했던 아름답고 사랑스럽고 따뜻하고 재미있고 즐거웠던 감정들과 다시금 연결되도록 해주었다. 이렇게 함으로써 마음에 묻어두었던 아들을 잃은 슬픔을 표현하고 상처를 해결할 수 있었다. 그 다음날, 그녀는 자리에서 일어나 음식을 먹었다. 그리고 더 이상 구토 증상은 나타나지 않았다.[52]

● 악성종양으로
  의사들도 포기했던 소녀의 꿈

이번에 소개하는 사례는 심인성 질병에 관한 것이라고 할 수는 없으나, 꿈을 이용한 심리치료요법을 통해 난치병을 치료한 사례이다. 민델 박사에게 어린 소녀 환자를 맡아 달라는 요청이 들어왔다. 그 아이의 등에는 악성종양이 급속도로 자라고 있었다. 몇 차례 수술을 했으나 아무런 소용이 없었다. 가족을 비롯한 모든 사람들이 그녀가 곧 죽게 되리라는 생각으로 마음의 준비를 했다.

모든 전문의들이 이 아이에 대한 희망을 포기했다. 그렇기 때문에, 수술을 담당했던 의사는 마지막으로 민델 박사에게 아이를 보냈다.

---

52 Delaney, G. (1996). Living Your Dreams (rev. ed.). New York: HarperCollins Publishers Inc. 149-150.

민델 박사가 아이와 잘 놀아주고 뭔가 해볼 수 있으리라는 생각으로 말이다. 그 소녀는 민델 박사에게 자기가 꾼 꿈 이야기를 들려주었다.

꿈에서 그 아이는 아주 위험한 호수 주위에 돌아가면서 처져 있는 안전 울타리를 제거했다.

꿈 이야기를 끝낸 아이는 바닥에 드러누워 "날아다니고 싶어요!"라고 말했다. 그 아이는 코르셋을 등에 착용하고 있었는데, 종양으로 척추가 약해졌기 때문이다. 그 아이가 말하기를, 코르셋을 착용하고는 도저히 날 수가 없다는 것이었다. 박사는 아이의 말을 듣고, 잠시 망설이다가 그 아이의 주치의에게 전화를 했다. 그래서 아주 조심하겠다는 약속을 하고, 코르셋을 벗겨도 된다는 승낙을 받았다.

그렇지만 민델 박사는 막상 함께 날아다니는 놀이를 하기 위해 아이의 코르셋을 벗기려고 하니 도저히 자신이 서질 않았다. 그러나 그 아이의 주치의가 말한 걸 떠올렸다. 그 아이는 너무나도 불행한 아이고, 더 이상 나빠질 것이 없기 때문에 아이가 원하는 대로 해주어도 된다는 말이었다. 또 민델 박사는 그 아이의 꿈의 의미를 되새겼다. 꿈에서 안전 울타리를 제거하는 것은 코르셋을 제거하는 것으로 해석했던 것이다. 이런 사실들을 떠올리며, 그는 아이의 코르셋을 제거했다.

그런 다음 민델 박사는 아이와 함께 놀이를 했다. 아이는 배를 깔고 누웠다. 그리고 양팔을 활짝 뻗은 채 들어 올려, 날아다니는 시늉을 하기 시작했다. 박사는 뒤쪽에서 그 아이의 팔을 들어줘 아이가 나는 동작을 더 크게 할 수 있도록 도왔다. 그러면서 자신도 함께 날아다닌다고 이야기해주었다. 아이는 진짜 하늘을 날아다니는 것처럼 너무 기뻐서 소리를 지르다가, 어느 순간 다음과 같이 말했다.

"박사님, 이제 저는 더 이상 내려오지 않을 거예요."

박사가 왜 그러느냐고 묻자, 그 아이는 다른 모든 별들로 날아다니고 싶기 때문이라고 대답했다. 민델 박사는 이 말을 듣고서, 이 아이는 이제 죽으려고 한다는 의미로 받아들였다. 그리고 나서는 잠시 망설이다가, 아이 스스로 자신의 운명을 결정해야 한다고 생각했다. 그래서 아이가 원하는 대로 하도록 맡겨 두었다. 그러자 아이는 이렇게 외쳤다.

"박사님, 이제 저는 낯선 별들이 있는 아름다운 세계로 날아갈 거예요!"

박사는 위기의 순간이 찾아 온 것을 직감했다. 그래서 아이에게 말했다.

"네가 원한다면 그렇게 하렴."

그러자 아이는 날아가는 모양새를 취했다. 그러다가 갑자기 아이는 박사를 돌아보면서 울기 시작했다. 그리고 이렇게 말했다.

"박사님, 저는 박사님과 함께 가지 않으면 안 가겠어요. 왜냐하면 박사님은 제가 함께 비행한 유일한 사람이기 때문이에요."

두 사람은 곧 함께 부둥켜안고 울었다.

얼마 후 아이는 박사와 잠시 동안 함께 있기 위해 내려 올 것이라고 했다. 박사는 또 그렇게 하라고 말했다. 이 사건이 있은 후, 아이의 병은 급속도로 호전되기 시작했다. 얼마 가지 않아 코르셋을 벗게 되었다. 심지어 종양까지도 사라지게 되었다.[53]

이 사례의 경우는 단순히 꿈의 중요성만이 아니라, 신체적 질병을 치료할 때에도 심리치료가 얼마나 중요한 역할을 할 수 있는지를 동시에 보여주는 대표적인 예이다. 또 어린아이가 꾼 간단한 내용의 꿈이지만, 꿈은 어떤 꿈이든지 소중하게 다룰 필요가 있다는 것을 보여주는 좋은 예이다.

---

53 Mindell, A. (2002). Working with the Dreaming Body. Portland: Lao Tse Press. 7-8.

질병의 고통을 극복하고
죽음을 맞이하도록
도와준 꿈

◆×◆×◆×◆

　앞에서는 질병 치료에 도움을 주는 꿈 사례에 대해 알아보았다. 이번에는 치료 불가능한 환자가 죽음을 준비하도록 돕는 역할을 하는 꿈 사례를 소개하고자 한다. 민델 박사가 심리치료를 담당하던 환자 가운데는 위암으로 죽어가는 사람이 있었다. 말기 위암 환자가 당하는 고통은 처절하기 그지없는 극심한 것인데, 이 환자도 고통을 견디지 못해 몸부림치곤 했다.

　곁에서 지켜보던 민델 박사는 환자에게 그가 겪는 고통을 극대화시켜보라고 했다. 이 환자가 손으로 자신의 배에 압박을 가하면서 말하기를, 자기의 위장 안에 있는 뭔가가 터져 나오려는 것처럼 느껴진다고 대답했다. 계속해서 위에 더 압박을 가하자, 고통은 점점 더 심해졌다. 마침내 고통이 극에 달했을 때 그는 외쳤다.

"박사님, 저는 폭발해버리고 싶습니다. 저는 살면서 한 번도 폭발해 본 적이 없습니다!"

계속해서 환자는 이렇게 말했다.

"제 문제는 자기 자신을 충분히 표현해본 적이 없다는 데 있습니다. 제가 표현할 때에도 결코 충분하지 않았습니다."

그 뒤 한참 동안 민델 박사는 환자가 원하는 대로 폭발할 수 있도록 함께 곁에 있어주었다. 환자는 자기가 하고 싶은 대로 시끄럽게 떠들고, 울고, 소리치고, 비명을 질렀다.

이렇게 환자가 정서적으로 자신을 충분히 폭발시킨 결과, 그는 위암의 고통에서 벗어날 수 있었다. 그리고 의사가 예측했던 것보다 3년을 더 살다가 죽었다. 그의 죽음은 그가 꾼 꿈대로 이루어진 것이다.

그는 입원하기 바로 전에 자신이 치료 불가능한 질병에 걸렸으며,
그 질병 치료를 위한 의약은 마치 폭탄과 같다는 꿈을 꾸었다.

민델 박사가 그에게 폭탄에 대해 물어보자, 그는 감정이 잔뜩 들어간 목소리로 폭탄이 공중에서 떨어지는 소리를 냈다. 그 순간 민델 박사는 꿈에서 폭탄은 바로 암을 상징한다는 것을 알았다. 그리고 폭탄이 터지는 것처럼 그의 몸은 암 세포로 인해 폭발해버린다는 생각을 했다.

끝내 그는 암을 극복하지 못하고 죽었다. 그러나 꿈을 통한 작업

은 그가 고통을 이겨내고 담담하게 죽음을 맞이할 수 있도록 도와주었다.[54]

● 꿈은 우리의 건강을 지켜주는 보초병

지금까지 질병과 꿈의 다양한 관계를 여러 가지 구체적인 사례를 통해서 알아보았다. 다시 한 번 꿈과 질병간의 관계를 강조하는 의미에서, 카사트킨 박사의 말과 그가 제시한 사례를 소개하는 것으로 이 부분을 마무리하고자 한다.

미국의 한 주간지 기자들이 카사트킨 박사와 인터뷰한 내용을 '꿈은 생명을 구한다'라는 제목으로 신문에 게재한 적이 있었다. 이 기사의 내용 가운데는 박사가 "꿈을 정확하게 해석함으로써 우리는 어떤 의학적인 수단으로 진단하여 알아내는 것보다 더 빨리 심각한 질병을 발견하고 치료할 수 있었다. 이렇게 하여 우리는 많은 생명을 구할 수 있었다"[55]라고 말한 것이 들어 있다.

그의 경험에 의하면 질병에 대한 경고가 꿈을 통해 나타난 후에,

54　Mindell, A. (2002). 3-4.

55　Dick, W., & Gris, H. (1975). National Enquirer, March 18.

실제 증상이 몸으로 나타나기까지 걸리는 시간은 병의 종류에 따라 다르다. 심장 마비의 경우는 2주 후에 나타나고, 정신 질환은 1년 혹은 더 오랜 후에 나타나는 것으로 관찰되었다. 몸에 부상을 당하는 꿈을 되풀이하여 꾸는 경우는 가장 심각한 경우이다. 이런 꿈들은 한결같이 암, 간 질환, 신장병, 혹은 심장병 같은 아주 위험한 질병을 가리킨다고 했다.

자신의 주장을 설명하기 위해 카사트킨 박사는 한 의사의 예를 소개했다. 그 의사가 되풀이하여 꾼 꿈의 내용은 다음과 같다.

환자 가운데 한 젊은이가
살인자들에 의해 공격당하는 것이었다.
의사는 꿈에서 그 환자를 도와주려고 애썼으나 도울 수 없었다.
마지막 장면에서 그 환자는 길에 누워 있었는데,
그의 배를 가로질러 상처가 크게 나 있었다.
그리고 그의 오른쪽 신장이 몸에서 떨어져 나와
땅에 놓여 있었다.

이 꿈을 들려주면서 의사는 환자의 상태에 관한 꿈일 것이라고 카사트킨 박사에게 말했다. 그러나 꿈을 해석한 카사트킨 박사는 이 꿈은 환자에 관한 것이 아니라, 의사의 상태를 보여주는 것이라고 설명했다. 즉 그 의사의 환자가 아니라, 의사 자신의 오른쪽 신장이 심각하게 감염되었을 것이라고 말하면서 진단을 받도록 권했다. 그런데 그 후, 카사트킨 박사의 해석이 사실로 밝혀졌다.

카사트킨 박사는 질병과 관계된 꿈의 역할에 대해, 다음과 같이 결론적으로 말했다.

"꿈은 우리의 건강을 지켜주는 보초병이다. 보초병은 몸에 무슨 이상이 일어난 것을 감지하는 즉시 뇌에 보고를 하며, 그것은 꿈으로 나타난다. 그러므로 꿈을 소중하게 여겨서 제대로 해석을 한다면 우리는 질병으로부터 자신의 건강을 지킬 수 있을 것이다."[56]

지금까지 몸의 건강과 관련된 꿈의 사례를 살펴보았다. 다음 장에서는 자신의 현재 삶의 모습을 보여주는 꿈 사례를 살펴보도록 한다.

---

56 Dick, W., & Gris, H. (1975). National Enquirer, March 18.

꿈은 여러 가지 기능을 하고 있으나, 가장 보편적인 꿈의 기능은 꿈꾸는 사람이 현실에서 갖는 생각이나 정서 작용을 드러내는 것이다. 즉 현실에서는 여러 가지 이유로 알아차리지 못하고 해소하지 못해 억눌렸던 자신의 생각이나 정서들이, 잠을 자는 동안 의식적인 억압에서 벗어나 새로운 형상을 입고 표출된다. 뿐만 아니라, 꿈 가운데는 꿈꾸는 사람이 살아온 삶의 여정을 요약적으로 보여주는 것도 있다. 여기서는 꿈꾸는 사람의 심리적 상태와 삶을 요약해서 보여주는 여러 가지 꿈을 소개하고자 한다.

Part 9
자신의 삶을
보여주는
꿈을 읽다

How To Read A DREAM

현재의 생각과
정서 상태를 보여주는 꿈

◆✕◆✕◆

첫 번째로 소개하는 사례는 아주 간단한 꿈이다.

학교에 가야 하는데,

시간이 늦어져 안달하다가 잠에서 깨어났다.

잠에서 깨어났으나, 꿈에서 느꼈던 안절부절못하는 마음이 여전히 느껴진다. 이 꿈을 꾼 사람은 50대 초반의 남자로, 자신에게 굉장히 중요한 어떤 일의 결과를 기다리고 있었다. 그러나 예상했던 시간이 훨씬 지났는데도 결과는 나타나지 않았다. 그리고 자꾸 지연되면서 날이 갈수록 더 초조해졌다.

학생이 학교에 늦어 안달하는 것으로 표상된 이 꿈은 현실에서 초조해 하는 이 사람의 마음과 정서 상태를 그대로 보여준다. 이 꿈을 꾸고서 이 사람은 자신의 마음이 어떤 상태에 있는지를 다시 확인할 수 있었다.

다음에 소개하는 두 개의 꿈은 필자(이호형)가 꾼 것이다. 첫 번째 꿈을 꾸고 10개월이 경과한 후, 두 번째 꿈을 꾸었다(참고로 필자는 거의 매일 일어나자마자 꿈을 기록하고 있다). 둘 다 뱀에 관한 것이다.

·꿈1·
꿈에 뱀을 보았다.
그 뱀은 껍질이 새까맣지만 반들반들 윤기가 나고
길이가 2, 3미터는 족히 되는 뱀이다.
아주 표독스럽게 생긴 뱀이 꼬리로 딛고 일어나서는
몸을 곧바로 세운 채 혀를 날름거리면서 나를 공격한다.

·꿈2·
새끼손가락 크기의 가느다랗고 반짝거리는 뱀이
나한테 일직선으로 다가온다.
앞 주둥이는 밋밋하게 생겼고 독이 없는 듯이 보인다.
색깔도 초록색과 검은빛이 난다.
나는 들고 있던 낚싯대의 줄로 그 뱀을 집어 올려
이리저리 후려친다.

첫 번째 꿈을 꾸기 전날 저녁에 나는 아내와 사소한 일을 두고 말다툼을 했다. 솔직히 말다툼이라기보다는 내 입장에선 일방적으로 당한 것이라고 해야 맞다. 나의 사소한 잘못에 비해 아내의 잔소리가 심하다고 생각했다. 이런 아내의 잔소리에 나는 감정이 몹시 상했으나, 그것을 그리 크게 느끼지 못한 채 넘어갔다. 하지만 꿈을 해석하는 과정에서 이 사실을 선명하게 알아차렸다.

첫 번째 꿈에서 뱀이 표독스럽게 덤벼들어 나를 공격하는 형상은 전날 밤, 아내가 내게 퍼부을 때의 느낌을 상징한 것이다. 말다툼을 할 당시, 나는 대꾸는 하지 않고 그냥 듣고만 있으면서 아내의 잔소리가 그다지 심한 것으로 느끼지 않았다. 그러나 꿈을 꾸고 이 꿈을 이해하는 과정에서, 아내가 잔소리를 했을 때 내 마음이 어떠했는지를 가만히 느껴보았다. 마치 어렸을 때 엄마가 내게 잔소리를 했을 때 느꼈던 감정과 비슷했다. 위축되고 무서운 그런 심정인 것을 알게 되었다. 이렇게 어린아이의 심정이 되어서 더 깊이 느껴 보니, 더 생생하게 전해졌다. 마치 뱀의 혀처럼 뺀질뺀질 날름날름 퍼붓는 잔소리에, 어린 나는 무방비 상태로 그냥 견디고만 있어야 했던 심정이 생생하게 느껴졌다.

필자의 어머니는 잔소리가 심한 편이셨다. 그런 엄마에게서 잔소리를 자주 들으면서 커왔다. 그래서 그런지 잔소리 듣는 것을 싫어하지만, 웬만한 잔소리는 들어도 별로 마음이 상하지 않는다고 생각해 왔다. 그러나 이 꿈을 꾸고 나서 그렇지 않다는 걸 알게 되었다. 전날 저녁에 느꼈던 나의 상처 받은 감정을 알게 되었고, 또 그런 심정이 바로 어려서 엄마한테 잔소리를 들었을 때 내가 느꼈던 그 마음인 것을 이해했다. 이 사실을 깨닫자, 엄마의 잔소리가 내 마음에 큰 상처를 남겨 놓은 것을 알게 되었다. 그리고 결혼을 한 이후, 아내의 잔소리를 나도 모르는 사이에 엄마의 잔소리로 받아들였다는 것을 깨달았다.

10개월이 지난 후, 두 번째 꿈을 꾸기 전날도 지난번처럼 아내가 내게 뭐라고 잔소리를 했다. 이번에도 꿈에 뱀이 나타났다. 그러나 처음과 비교해서 크기가 작아졌고, 까맣기만 한 것이 아니라 초록빛도 섞여 있어 좀 순해 보였다. 뿐만 아니라 내가 이 뱀을 마음대로 이리저리 매치게 되었다. 이는 내가 아내를 어렸을 때 어머니를 대할 때의 심정으로 대하던 것에 변화가 생겼다는 사실을 보여주는 것이다. 이제 더 이상 아내의 잔소리에 대해 과거에 반응했던 것과 같지는 않다는 걸 보여준다. 속으론 위축되고 무섭지만, 겉으론 별로 마음이 상하지 않는 것처럼 반응하는 것이 아니었다. 할 말은 하면서 아내의 잔소리를 나름대로 처리하게 되었다는 것을 나타낸다.

● 동성 간 결혼을 하는 꿈

꿈을 꾼 사람의 현재의 생각과 정서를 보여주는 다른 꿈 사례를 한 번 살펴보자. 다음은 필자(김정희)의 꿈이다.

누군가 결혼을 한 것 같고, 그 다음에 우리를 결혼 시켜준다고 한다. 우리란 나와 내 또래의 어떤 여자이다. 그동안 굉장히 친하게 지냈고 결혼시켜준다고 하던 상황에도 우리 둘이 어깨동무를 하고 있었다. 날짜도 별로 멀지 않은 날, 한 두세 주 후로 잡혀 있다. 나는 드디어 결혼하게 되었다고 너무 좋아서 싱글벙글 표정관리가 되질 않는다.

그러나 곧 생각해 보니 기가 막힌 노릇이다. 내가 여자인데 여자와 결혼을 시켜준다니……. 나는 싫다고 소리를 친다. 그럼 나는 동성과 결혼을 하는 거고, 한평생 여자랑 살아야 한단 말인가! 생각해 보니 너무나 끔찍하다. 난 남자랑 결혼하고 싶다고, 절대로 안 된다고, 싫다고 소리를 친다.

이 꿈은 필자의 남편이 모 대학 재직 중 학내 사태에 연루되어 억울하게 교수 재임용에서 탈락당한 후, 필자와 함께 집단상담을 함께 하는 상황에서 꾼 꿈이다. 동성애 결혼이란 남편이 나와 같은 전공인 상담 관련 일을 하게 된 상황을 나타낸다.

처음엔 남편과 공부도 같이 하고, 집단상담 프로그램도 하면서 같은 분야의 일을 부부가 함께 할 수 있다는 것이 참 좋았다. 무엇보다도 남편이 자기 문제에서 벗어나는 만큼 내 마음이 편해져서 좋았다. 자기 감정을 존중하기 시작하니 어찌나 내 감정을 존중해주든지…… 날마다의 삶이 새로운 느낌이었다. 우리 부부가 처한 객관적 현실을 생각하면 결코 즐거울 수 없는 상황이었지만, 그것을 이길 수 있는 편안함이 있었다.

꿈에서 신나게 어깨동무하고 다니면서 결혼 생각에 들떠 있는 것은 이와 같은 내 마음이 표현된 것이다. 그러나 꿈을 해석하는 과정을 통해 이 상황을 마음 한 구석에선 끔찍하게 싫어했다는 사실을 알게 되었다. 긴 세월 동안 고생스런 유학 생활 끝에 최고의 학위까지 받은 사람이 자기 전공 일을 못하고, 내 전공으로 와서 그렇게 지내는 모습이 안쓰러웠다. 그리고 때로는 싫고, 문득문득 초라해 보이면서 내 마음이 괴로웠다.

그렇지만 나는 이런 심정이 올라올 때마다 순식간에 합리화시켰다. 스스로 설득하여 '지금 우리는 행복하다'고 느끼려 했다. 꿈에서 동성 간 결혼이 싫다고 소리친 것이 바로 나의 이러한 마음을 나타낸 것이다.

이 꿈을 해석하고 기록하면서 나는 남편과 함께 일하는 것을 동성애를 하는 심정으로 느꼈다는 것을 알게 되었다. 나에게 '동성애'란 생득적으로 그런 사람이 있다는 것을 알기 때문에 다른 사람이 그런 상황이라면 얼마든지 이해는 한다. 그러나 나는 이성이 더 좋다. 동성애란 내게 평범하지는 않은 것, 우리 사회에서 떳떳하거나 당당하게 보이기 위해선 아직은 애를 써야 하는 것, 그래서 조금은 숨기고 싶은 것 등을 연상시킨다.

현실에서 이런 심정을 느끼게 하는 것은 바로 남편과 내가 같은 일을 한다는 것이다. 그리고 그 감정의 강도 역시 동성애를 하는 것만큼이나 나의 무의식에선 강렬하게 느끼고 있었다. 이 꿈을 통해 그것을 아주 선명하게 알 수 있었다. 나는 이 꿈을 계기로 더 이상 이와 관련된 내 마음을 서둘러 합리화시켜 수습하지 않는다. 그대로 느끼고, 그래서 힘들어하는 마음까지 수용하며 매순간 충실하게 살아가는 내가 되고자 노력한다.

● 유니폼에
　이름을 바느질하는 꿈

현재의 생각과 감정 상태를 보여주는 짤막한 꿈을 하나 더 소개하고자 한다. 이 꿈도 필자(김정희)가 꾼 것이다.

　　　나는 유니폼에 이름을 달고 있다. 글씨 조각들을 유니폼 앞에다 바느질로 붙이는 것이다. 내가 바느질을 하고 있는 이름은 '고', '형', '원'이다. 그런데 이 글자들이 생각처럼 달려지질 않아서 밤새도록 이것을 달기 위해 씨름하다가 잠에서 깬다.

이 꿈을 꿀 당시, 필자는 전문가 자격 심사를 위한 논문을 하나 제출하기 위해 낑낑대고 있던 시기였다. 내가 쓰고 있는 논문의 주제에 대해서는 남편이 더 공부를 많이 한 영역이었기 때문에 나는 남편에게 도움을 요청했다. 그래서 많이 도움을 받긴 했으나, 여전히 힘들고 진도가 나가지 않았다. 그리고 처음 생각한 것과는 너무 다른 현상들을 발견했다. 그러면서 이 주제로 써야 할지, 다른 것으로 변경해야 할지 암담하기 그지없던 처지였다.

이 꿈에서 '유니폼'은 이제 내가 이름표를 붙여 입으면 필드에서 뛰게 되는 자격을 상징한다. 내가 논문을 제출하고 통과되면 상담심리전문가 자격증을 달고, 상담분야에서 활동한다는 것을 의미한다. 그런데 내 이름은 김정희이지만, 꿈에선 '고형원'이라는 글자를 다느라고 애를 쓰고 있다. 이 이름의 한 글자, 한 글자에 대한 의미 탐색을 해나갔다.

'고'는 내게 어렵다, 힘들다, 고통스럽다는 것을 상기시킨다. '형'은 남편 이름(호형)의 끝 자이기도 하고, 집단상담을 할 때 사용하는 남편의 별칭(형형)이기도 하다. '원'은 원한다는 것을 의미한다. 내가 상담하며 내용을 기록할 때나, 내담자에게 때로 무엇을 원하는가 물어볼 때 간단히 '원'이라고 기록한다. 이를 종합해 보면 '괴롭다, 형형이

해주기를 원한다!'는 의미다. 이 머리 아픈 논문을 남편이 혼자 다 써주었으면 하는 간절한 심정이 표현된 꿈이다. 이렇게 꿈은 다양한 방법으로 꿈꾼 사람의 마음 상태를 잘 보여준다.

삶의 여정을
요약해서
보여주는 꿈

◆×◆×◆

꿈은 현재의 생각이나 심리 상태를 보여주기만 하는 것이 아니라, 자신이 처한 현재의 상황이나 지금까지 살아온 자신의 인생 여정을 보여주기도 한다. 다음에 소개하는 사례는 필자(이호형)가 살아온 삶의 과정에서 중요한 부분을 요약해서 보여주는 꿈이다.

이 꿈을 꿀 당시 나는 내 인생 전반에 대하여 지대한 관심을 쏟으며 열심히 작업하고 있었다. 그동안 나는 마음 깊숙한 곳에다 묻어두고 외면해오던 부분이 있었다. 그 숨겨 놓은 마음과 만나는 작업을 하는 과정에서 꾼 이 꿈은 내 삶의 여정을 상징적으로 보여주었다.

나는 어떤 들에 나 있는 오솔길을 걸어간다. 어려서 시골에서 초등학교 다닐 때 걸어가던 그런 길처럼 보인다. 그렇게 가는데, 형체가 보이지 않는 어떤 사람이 내 뒤에서 갑자기 자기 두 팔을 내 양쪽 어깨 위에 하나씩 올려놓는다.

사람의 모습은 볼 수 없고, 다만 두 팔만 보인다. 내 어깨 위에 올린 두 팔은 나를 마냥 내리눌러 땅속으로 들어가게 할 것처럼 느껴진다. 그리고 나를 옥죄어 질식할 것 같은 두려움을 불러일으킨다. 나는 있는 힘을 다해 그것을 떨쳐버린다. 그렇게 떨쳐버린 다음, 나는 그렇게 나를 내리누르던 사람과 나란히 걸어간다. 그렇지만 그 사람이 누구인지 나는 모른다.

그렇게 걸어가다가 다음 장면에서 우리는 어느 호수의 한쪽 끝에서 호수 안으로 들어간다. 그런데 호수는 바다처럼 넓고, 호수 물은 황토 색깔의 흙탕물이다. 나는 그런 물로 뛰어 들어 수영을 하여 그 호수를 건너려고 한다. 내가 수영을 하고 있을 때, 아까처럼 또 사람의 형체는 보이지 않은 채 두 팔이 내 양쪽 어깨 위로 놓여진다.

그러자 나는 다시금 물밑으로 가라앉아 질식할 것 같은 두려움에 빠져들었다. 그리고 나는 놀라 기겁을 하면서 그 두 팔에서 벗어나려고 있는 힘을 다해 내 두 팔과 몸을 뒤로 젖히면서 몸부림친다. 그렇게 한 다음, 돌아서서 고개를 들고 그 사람을 쳐다본다. 그런데 아무도 보이지 않는다.

그렇게 그 사람을 뿌리치고 계속해서 수영을 하면서 스스로 생각한다. '내가 물에 빠지는 것은 아닐까?' 이런 두려운 마음에 물밑으로 다리를 뻗어 본다. 다리가 땅에 닿는다. 그때서야 '아, 물에 빠져 죽지는 않겠구나!' 하면서 한편으로 안심을 한다. 그렇지만 물이 목에까지 차 있어서, 나는 계속해서 수영을 하여 커다란 호수를 건너간다.

다음 장면에서 호수의 다른 쪽에 도착해 있으나, 여전히 나는 물속에 있다. 물은 얕아져 있다. 나는 그곳에서 물속에 손을 넣어 뭔가를 잡아야겠다고 생각을 한다. 먼저 발로 더듬어 보니 작은 돌과 조개들이 많이 있는 것이 확인된다. 두 손을 물밑으로 넣어 물속에서 손바닥만 한 큼직한 조개 두 개를 각각 한 손에 움켜잡고 일어선다.

이 꿈을 이해하기 위해서는 이 꿈의 주인인 필자의 삶의 여정 가운데 꿈과 관련이 있는 부분의 설명이 필요하다. 이렇게 꿈을 다루다 보면 본의 아니게 사생활이 드러날 수밖에 없다. 나는 대학생 시절에 기독교에 심취된 나머지 졸업을 한 학기 남겨 놓은 상태에서 학교 다니는 것을 중단했다. 그리고 온전히 기독교에 헌신했다가 크게 낭패를 당한 경험이 있다. 그 당시 내가 겪은 좌절은 그때까지 내가 겪어 보지 못한 가장 처절하고 절망적인 것이었다.

그 후 나는 대학교를 졸업하고 군 복무 후 회사에 취직했다. 거기서 3년을 다니다가 퇴사하고, 신학공부를 시작했다. 대학생 때 기독교 신앙에서 실패한 것을 만회하고, 신학 공부를 통하여 영적 진리를 찾겠다는 마음에서였다. 신학대학원 졸업 후 유학을 다녀와서 모 대학교의 신학과 교수로 임용되어 학생들을 가르치던 중이었다. 학교의 사유화로 인한 학내 분규가 터지면서 나는 그 사건에 개입되어 부당하게 학교를 떠나게 되었다.

● 오랜 시간이 걸려서야
   확인하게 된 꿈의 의미

이 꿈을 꾸게 된 시점은 내가 해직을 당한 지 7, 8년이 지난 후였다. 그 당시 나는 내 삶을 돌아보는 한편, 새로운 진로를 찾으려고 노력하고 있던 때였다. 이 꿈을 꾸고 나서 나는 이 꿈이 내 인생 여정을 대표하는 두 가지 사건을 요약해서 알려주는 꿈이라는 것을 즉각적으로 알 수 있었다.

꿈의 첫 장면에서 초등학교에 다니던 오솔길을 따라 걷고 있는 것은 내 학창 시절까지의 삶의 과정을 나타내준다. 그때까지는 그런 대로 순탄한 길을 걸어왔다. 그러다가 갑자기 정체를 알 수 없는 두 팔이 나타나 내 어깨를 내리누르면서 질식하도록 만든 것은 기독교 신앙으로 내가 좌절과 절망에 떨어진 것을 의미한다. 성경에 하나님의 능력을 나타낼 때 그의 능한 팔이나 손이라는 표현이 나오는데, 나에게 팔은 그런 기독교적 의미를 지닌다.

그 다음 장면에서 내가 다시금 정체를 알 수 없는 사람과 둘이서 가던 길을 함께 걸어간 것은 다음과 같은 의미다. 절망과 좌절을 겪은 후에 다시금 내가 기독교와 화해를 하고, 신학을 통해 기독교 신앙을 계속해서 추구한 삶을 나타낸다. 또 꿈에서 정체를 알 수 없는 사람으로 나타난 것은 기독교의 하나님이 내게는 여전히 선명하게 이해할 수 없는 신인 것을 의미한다.

꿈속에서 그 길이 끝나고 흙탕물로 된 바다처럼 넓게 보이는 호수로 들어가게 된다. 이는 내가 학내 사태에 개입하면서 나의 삶이 오랜 세월 동안 엄청난 시련과 고난을 당하고 있는 것을 의미한다. 흙탕물로 표현되는 것은 부패한 사회이고, 바다처럼 넓은 호수는 그 크기만큼 고통의 세월과 고난의 강도가 길고 클 것이라는 걸 알려준다.

보이지 않는 두 팔이 물속에서 헤엄치는 나의 양 어깨를 다시 한번 내리눌러서 나를 질식시키려고 한 것은 또한 다음과 같은 의미다. 신학자적인 양심에서 학내 사태에 개입한 결과, 직장을 잃어버리고 좌절과 절망에 빠져 심리적으로 죽을 지경에 이르는 고통을 당하는 것을 나타낸다. 그렇지만 내가 온몸으로 그 두 팔을 뿌리친 것은 내게 고통을 가져다준 기독교 신앙에서 벗어난다는 것을 의미한다. 그리고 흙탕물로 된 호수를 헤엄쳐 가지만, 발로 깊이를 가늠해 보니 발이 바닥에 닿으면서 안심한 것은 그 고통을 이겨낼 수 있다는 것을 의미한다.

마지막 장면에서 내가 호수의 반대편 끝의 얕은 물가에 서 있는 것은, 비록 내가 호수를 헤엄쳐 건너왔으나 아직도 고난은 끝나지 않고 계속되는 중임을 의미한다. 물속에서 커다란 조개를 잡아 양손에 하나씩 움켜잡은 것은 그 고난의 과정을 겪으면서 얻는 수확물이다. 조개는 내게 '주식은 아니지만 아주 좋아하는 별미'다. 꿈속에 본 것과 같은 그렇게 큰 조개를 한 번도 잡아 본 일이 없다. 이것은 내가 이 고난의 과정을 통해서 지금까지 내가 손대지 않았던 새로운 분야에서 스스로 흡족할 만한 성과를 얻고 그것을 매우 즐기게 된다는 것을 의미한다. 사실 나는 개인적으로 불행한 일을 겪었지만, 상담심리학이라는 학문을 접하면서 전공하는 아내보다 훨씬 깊이 그 매력에 빠져 있다.

이 꿈을 통해서 나는 지금까지 걸어온 삶의 여정을 새롭게 이해했다. 또한 나의 증조할아버지 때부터 우리 가정에 전해오는 기독교 신앙과도 새로운 관계를 정립했다. 비록 내가 당하고 있는 고난이 길고 힘들었으나, 글을 쓰는 지금 시점에서 모든 시련은 끝이 났고 새로운 삶을 살고 있다. 결과적으로 이 글을 마무리하는 2017년에야 이 꿈이 현실 속에서 실제로 완성되었다.

같은 주제가
되풀이되는 꿈

◆✕✕◆✕✕◆

꿈 가운데는 같은 주제가 유사한 모습, 혹은 다른 모습으로 되풀이되는 꿈이 있다. 예를 들면 날아다니는 꿈, 신발이나 가방을 잃어버리는 꿈, 남자의 경우 군대 두 번 가는 꿈, 누구에게 쫓기는 꿈, 시험을 치르는데 답을 모르거나 답이 써지지 않거나 공부를 하지 않아서 쩔쩔 매는 꿈, 길을 찾아 헤매는 꿈, 사람들이 많은데 옷을 제대로 입고 있지 않은 꿈, 화장실을 찾는데 적당한 곳을 찾지 못해 헤매는 꿈 등이다. 개인에 따라 반복되는 꿈의 종류는 이외에도 매우 다양하다. 이 경우, 같은 내용의 꿈이 되풀이되기도 한다. 하지만 많은 경우, 장면은 다르지만 꿈의 중심 주제가 반복된다.

대부분의 반복되는 꿈에서 꿈꾼 사람은 불안, 초조, 억울함, 수치스러움, 공포, 좌절과 절망 같은 부정적인 정서를 경험한다. 학자들의 연구 결과에 의하면, 이렇게 되풀이되는 꿈은 일반적으로 어린 시절, 혹은 사춘기에 접어들 무렵부터 꾸기 시작한다. 어린아이들은 누구인가에 쫓긴다거나, 높은 곳에서 떨어지는 꿈을 되풀이해서 꾸는 경우가 많다고 한다.

같은 주제가 반복되는 꿈은 스트레스를 심하게 받는 상황에서 꾼다는 사실이 밝혀졌다. 프로이트는 이런 유형의 꿈에 별로 관심을 보이지 않은 것에 비하여, 융은 커다란 의미를 부여했다. 융은 이런 꿈을 꾸는 이유는 해결되지 않은 과거의 심리적 갈등이 마음속에 남아 있기 때문이라고 해석했다. 그러므로 깨어 있는 의식 상태에서 이 갈등을 해소하면, 더 이상 이런 꿈을 되풀이하여 꾸지 않는다.

같은 주제를 되풀이하는 꿈과 관련된 연구에 의하면 이런 꿈을 꾸는 사람들은 그렇지 않은 사람보다 심리적 행복감의 수치가 낮게 나오며, 부정적인 꿈을 더 많이 꾼다. 그러나 갈등이 해소되어 더 이상 이런 꿈을 꾸지 않게 되면, 삶의 여러 문제를 수습하는 능력이 향상되는 것으로 밝혀졌다.[57]

여기에 소개하는 반복되는 꿈의 주인공은 해롤드이다. 처음 이 주제의 꿈을 꾼 것은 그가 다섯 살쯤이었다. 그 후 그는 중년이 될 때까지 반복해서 이 꿈을 꾸었다. 그가 가장 최근에 꿈을 꾼 것은 꿈 상담 전문가인 제레미 테일러 박사가 지도하는 꿈 워크숍에 참여하기 한

달 전이었다. 그는 그곳에서 이 꿈을 내놓았다. 그리고 그 의미를 탐색하는 가운데 꿈과 자신에 대해 새로운 통찰을 얻을 수 있었다.[58]

나는 무시무시한 공포에 사로잡혀 황량한 풍경이 전개되는 곳을 가로질러 도망을 가고 있다. 나는 아주 괴기스러운 무언가에 쫓기고 있는데, 그 정체를 알아보기 위해 스스로 뒤를 돌아 볼 수조차 없다. 나는 모래와 바위 위를 전속력으로 달리는데, 괴기스러운 추적자는 바로 뒤에서 따라오고 있다.

그런데 내 앞에는 넓고 깊은 골짜기가 나타나 나의 탈출을 가로막는다. 내가 보니, 골짜기를 가로질러 약하게 보이는 밧줄로 된 다리가 매달려 있다. 만일 내가 골짜기의 건너편으로 갈 수 있다면, 나를 쫓아오는 것의 정체를 힐끗 보기 위해 재빨리 뒤를 돌아 볼 수 있을 것이라는 생각이 들었다. 이런 생각으로 흔들리는 밧줄 다리로 몸을 던진다. (중략)

그러나 내가 건너편에 닿기 전에 밧줄 다리는 툭 끊어지고, 나는 골짜기 사이로 떨어졌다. (중략) 이렇게 떨어지는 장면에서 나는 언제나 공포 가운데 잠에서 깼다. 그리고 나서도 내 가슴은 쿵쿵 뛰었다.

---

58 아래에 소개하는 꿈 내용과 꿈에 관한 설명은 모두 다음의 책에서 인용하거나 요약한 것이다. Taylor, J. (1992). Where People Fly and Water Runs Uphill. New York: Warner Books. 178-79.

● 반복되는 꿈은 자기 삶의 최대 관심사를
    알려주기도 한다

이 꿈의 의미를 이해하기 위해서는 먼저 이 꿈의 주인공의 성장 배경을 이해하는 것이 필요하다. 그는 독실한 가톨릭 가정에서 자라났으며, 나중에 커서 신부가 되겠다는 생각을 했다. 그러나 다섯 살 때 그는 가톨릭교회의 어떤 교리에 대해 회의를 느껴 성장한 후로는 다른 여러 종교와 영적 전통을 찾아다녔다.

불행히도 찾아가는 단체마다 처음에 가졌던 그의 기대가 무너졌다. 이는 그가 새로운 종교에 깊이 관여하게 됨에 따라, 그 종교의 교리와 지도자의 개인적 결함과 위선적 모습에 실망을 느꼈기 때문이다. 그렇지만 그는 다섯 살 때부터 시작하여 되풀이되는 이 꿈과 그의 종교적 추구를 그때까지 연결시켜 생각해 본 적이 없었다. 그는 꿈 워크숍에 참석한 사람들이 이 꿈에 대해 자기들의 생각과 정서를 가지고 반응하는 것을 듣고 있었다. 그러는 동안 해롤드는 꿈의 형상이 그의 종교적 열망의 강도를 나타내는 강력한 상징인 것을 알 수 있었다.

그가 꿈에서 자기를 따라오는 자를 뒤돌아 볼 수 없었다는 것은, 매번 새로운 종교를 시작할 때마다 무엇에 쫓기듯이 그렇게 찾아간 것을 상징한다. 약한 밧줄로 만들어져 골짜기 사이를 가로질러 '매달려 있는 다리(suspension bridge)'는 그 종교에서 무엇을 발견할 것인지에 대해 일시적으로 '판단을 유보(suspension of judgement)'한 것을 상징한다. 또 다리에 몸을 던져 뒤쫓는 자의 정체를 알아보려고 할 때마다 그 다리가 툭 끊어져 아래로 떨어지는 것은, 그 종교에 대해 실망함으로써 아무것에도 의지할 수 없는 절망적 상태를 나타낸다.

꿈 워크숍을 통해 해롤드는 깨달을 수 있었다. 이 꿈은 해롤드에게 종교적 진리의 추구야말로 그의 삶의 최대 관심사라는 것을 전체적으로 보여주는 것으로 드러났다. 또 그를 두렵게 하는 이 꿈을 되풀이하여 꾸는 이유는 다음과 같았다. 자신이 추구하는 영적 진리를 발견하는 데 따르는 고통을 스스로 감수하면서까지, 해롤드가 그 노력을 포기하지 않았기 때문이다.

이렇게 하여 해롤드는 꿈의 의미를 이해했을 뿐만 아니라, 자기 삶의 최대 관심사에 대해서 알 수 있었다. 나아가 영적 진리를 추구하기 위해 자신이 계속해서 여러 종교를 전전해왔다는 것을 깨달았다. 꿈 작업을 통해 얻은 이러한 통찰은 해롤드가 자신의 영적 욕구를 이해하는 데 큰 도움이 되었다. 또 해롤드가 자신의 욕구를 충족시키기 위해 새로운 마음가짐과 방법으로 노력할 수 있도록 했다.

끔찍했던 과거의
경험이 재현되는 꿈

◆✕◆✕◆

되풀이해서 꾸는 꿈 가운데는 과거에 경험했던 끔찍한 사건이 되풀이해서 꿈에 나타나는 경우가 있다. 사실 앞에서 이야기했던 꿈과, 이제 말하려는 꿈을 구별하는 경계는 그렇게 뚜렷하지 않다. 하지만 굳이 구별을 하자면 이렇다. 꿈에서 일어나는 사건이 실제의 현실에서 일어났던 것인가, 그렇지 않은가가 그 기준이 된다고 할 수 있다.

앞에서 다룬 사례의 꿈에서 꿈꾼 사람은 현실에서 꿈에 나타난 그런 경험을 한 적이 전혀 없다. 꿈의 내용은 주인공에게 실제로 일어난 사건이 아니다. 다만, 그의 심리적 기제가 그런 꿈을 만들어냈다. 신발이나 가방을 잃어버린 꿈의 경우도 이 경우에 해당한다.

그러나 이에 반해, 이번에 다루는 꿈 사례는 과거에 실제로 일어났던 끔찍한 사건이 꿈에서 되풀이되는 경우이다. 물론, 외상 경험 후 심리치료를 통해 그 사건이 가져온 정신적인 충격을 완전히 해소하지 않은 경우에 이런 꿈에 시달린다. 이때 과거의 사건이란 꼭 어린 시절의 사건만이 아니라, 성인이 된 후에 경험한 충격적인 사건도 포함된다.

특히 이와 같은 꿈은 목숨이 오가는 전투에 참여한 군인들이 흔히 꾼다. 그들은 꿈에서 언제나 같은 끔찍한 전투 장면으로 시달린다고 호소한다. 그들의 꿈은 그들이 실제 전투에서 겪은 장면과 아주 유사한 내용으로 이루어진다. 흥미로운 사실은 부상을 당한 군인들이 수술을 위해 마취에 들어갈 때, 혹은 마취에서 깨어날 때에도 같은 꿈을 꾼다는 것이다. 그리고 나서는 적군들에게 기습을 당했다고 이야기한다는 것이다.[59]

● 악몽에서
　　벗어나는 방법은 있다

레온 소울 박사가 군인 병원에서 치유했던 환자 가운데는 아주 건장하고 잘생긴 해병대원이 있었다. 그는 극도로 신경질적이었으며, 무서운 전쟁 꿈을 꾸었다. 그리고 이로 인해 놀람, 전율, 두통, 메스꺼

59　Van de Castle, R. L. (1994). Our Dreaming Mind. New York: Ballantine Books. 345.

움, 구토 증상을 보였다. 소울 박사가 처음 그와 면담을 했을 때, 그 환자는 군대 생활과 친구 그리고 가족과 관계된 정서적 문제에 대해 조금도 인정하지 않았다. 심지어 그런 이야기를 꺼내기조차도 꺼렸다. 그 병사 환자는 자신이 되풀이해서 꾸는 꿈 이야기를 하는 걸 꺼려하면서, 그 악몽은 단지 실제로 일어났던 사건의 반복일 뿐이라고 말하곤 했다.

그 환자가 되풀이하여 꾸는 꿈의 내용은 실제로 일어난 사건과 아주 비슷했다. 그가 꾼 꿈에는 **적이 있는 해안에 상륙하는 동안 수많은 그의 동료들이 죽어나갔다. 그 가운데는 그와 가까운 동료 두 사람도 포함되어 있었다.** 비록 이런 내용으로 그는 반복적으로 꿈을 꾸었으나, 꿈의 결말은 실제와는 다르게 나타났다. 실제 전투에서 그는 조금도 다치지 않았지만, 그의 꿈에선 언제나 **자신이 기관총 세례를 받는 것**으로 끝이 났다.[60]

이 꿈을 해석하는 과정에서 소울 박사는 실제와 다르게 기관총 세례를 받는 것으로 나타나는 주인공의 모습에 주목했다. 소울 박사는 이 꿈에 대한 탐색을 통해 주인공이 전쟁에서 죽은 동료들에 대한 죄책감이 있는 걸 발견했다. 이 죄책감 때문에 실제와는 다르게 계속 환자 본인이 기관총 세례를 받는 꿈을 꾼다는 사실을 알아냈다. 현실에서 혼자 살아남은 죄책감을 억누르자, 꿈에서 그도 동료와 같은 최후

---

60   Saul, L. J. (1947). Emotional Maturity: The Development and Dynamics of Personality. Philadelphia: J. B. Lippincott Company. 200.

를 맞이하는 것으로 나타난 것이다. 소울 박사는 이 환자와 상담을 하면서, 병사가 해소하지 않은 채 가지고 있던 살아남은 자의 죄책감 등 상처들을 표현하도록 권했다. 그러자 이 환자는 점차 이와 같은 꿈을 꾸는 횟수가 줄어들었다.

이 외에 지진이 나서 죽을 뻔한 경우, 자동차에 치여 죽을 뻔한 것과 같은 사고의 경험, 강도를 만나 죽을 뻔했거나, 성폭행을 당한 경우에도 이런 사건이 되풀이해서 꿈속에 나타난다. 끔찍한 과거의 사건이 원인이 되어 그 장면을 되풀이해서 꿈을 꾸는 경우, 시간이 흐르면서 꿈속 내용에도 변화가 생긴다. 즉 그 사람이 그 당시에 입었던 심리적 상처로부터 벗어나면서, 꿈의 내용이 조금씩 바뀌기 시작한다. 그리하여 점차적으로 일상적인 꿈의 형태로 변해간다.

그런데 이런 꿈을 꾸는 사람들끼리 모여 자신의 고통스런 경험과 꿈에 대해 서로 이야기를 나누면, 악몽을 꾸는 횟수가 줄어든다는 사실이 밝혀졌다. 그렇지만 이런 꿈을 꾸는 데서 벗어난 사람이라고 해도, 또 다른 상황에서 심각한 정신적인 스트레스를 받으면 이전에 경험했던 악몽이 다시 돌아온다고 한다.[61]

---

61 Domhoff, G. W. (1993). The Repetition of Dreams and Dream Elements: A Possible Clue to a Function of Dreams. In A. Moffitt, M. Kramer, & R. Hoffmann (Eds.), The Functions of Dreaming. Albany: State University of New York Press. 297.

상담 과정에서
일어나는 변화를
보여주는 꿈

◆※◆※◆

심리치료나 상담을 받으면 상담에서 다루고 있는 내용과 관련된 꿈이나, 내담자가 느끼는 상담자의 모습이나 태도와 관련된 꿈을 많이 꾸게 된다. 또 꿈을 잘 꾸고 기억하던 사람이 상담에 대한 저항이 생기면서 꿈을 기억하지 못하는 경우도 있다. 그 반대로 꿈을 거의 기억하지 못하던 사람이 상담을 받으면서 꿈을 꿨다고 보고하며 신기해 하기도 한다.

이번에는 상담이 진행되면서 일어난 내담자의 심리적인 변화가 꿈을 통해 드러난 사례를 소개하고자 한다. 다음은 필자(김정희)가 만난 내담자가 상담을 시작한 이래 맨 처음 보고한 꿈이다.

·꿈 1 ·

나는 쫓기고 있다. 귀신, 괴물 같은 것들이 등장한다.

SF 영화에 나오는 괴물 같은 것들이 떼로 몰려들어

전쟁을 치른다. 나는 열심히 싸우고 공격하고 방어한다.

때로는 내 편이 있으나 주로 혼자이다.

내 편이 있어도 혼자인 느낌으로 싸울 때가 많다.

도망치면서 싸운다. 못 도망가게 잡아당기는 느낌이어서

조금 도망 가다가 돌아서서 또 싸우고,

그러다 도망가다 또 싸우고, 계속 그러다가 잠을 깬다.

이 꿈을 꾼 내담자는 30대 후반의 여성이다. 내담자는 이와 유사한 꿈을 적어도 여러 해 이상, 반복적으로 꾸고 있다고 보고했다. 필자가 쫓길 때의 심정을 물으니, 힘겹고 답답하다고 대답했다. 내담자는 자유롭고 시원하게 그 상황을 벗어나지 못한 채 계속 공격당하고, 쫓기고, 맞서 싸우다가 도망가면서 경험하는 답답하고 힘겨운 심정을 가장 먼저 보고했다. 그리고 불안한 심정을 더불어 이야기했다.

꿈 해석을 통해서 드러난 이 꿈의 의미를 요약하자면, 다음과 같다. 꿈에서 괴물들에게 도망을 가는 것은 내담자의 아버지로 인해 만들어지는 가정의 분위기에서 탈출하고 싶은 심정이었다. 식구 중 누구 하나라도 아버지의 심기를 거슬리면, 갑자기 아버지의 화가 폭발한다. 그렇기 때문에 내담자는 늘 다른 식구들이 아버지의 화를 자극

하지 않았으면 하는 심정으로 가족들을 살피고, 아버지의 눈치를 보며 살아왔다.

내담자는 이런 분위기가 너무 싫어서 도망치고 싶은 심정이라고 했다. 그러나 맏이로서의 부담감, 책임감, 어머니에 대한 안쓰러움 등으로 가족의 울타리를 시원하게 벗어날 수 없다고 말했다. 가족을 떠올릴 때 느껴지는 부담감의 무게가 꿈속에서 도망치지 못하게 잡아당기는 듯이, 괴물 떼거지들이 쫓아오는 느낌과 똑같다고 했다.

상담에서 이 내용과 관련된 감정을 다루다가 내담자는 이렇게 말했다.

"그러고 보니, 이 꿈이 어린 시절에 날아오르려는 꿈과 연결이 되는 것 같아요."

그러면서 어린 시절에 반복해서 꾸던, 날아오르려는 꿈을 들려주었다.

· 꿈2 ·
날아가려는 꿈이다.
날아오르려고 애쓰는데 날 수가 없으니 통통 튀면서
위로 올라가려, 올라가려 애를 쓰는데 다리가 무겁다.
아래로, 아래로 떨어진다. 많이 올라가야 방 천장이나
산 암벽 같은 곳을 몇 미터 정도 오르는 게 고작이다.
높이, 높이 날아가지질 않는다.

상담 과정에서 내담자는 현실이 불만스러워 자유롭게 날아보고 싶은 마음, 답답한 마음을 이 꿈이 표현한 것이라고 말했다. 마음 같아선 훌쩍 높이 올라갈 것 같은데, 조금 있으면 다리를 잡아당겨 날 수가 없다. 아래로 떨어질까 봐, 땅에 발이 닿을까 봐 두렵다. 땅에 발이 닿으면, 뭔가 내담자에게 해가 되는 분위기가 엄습해서 덮어버릴 것 같은 불안하고 초조했던 어린 시절이 떠오른다고 이야기했다.

이 꿈의 정서와 앞의 •꿈1•의 정서가 매우 비슷하다고 했다. 자유롭게 날아가고 싶은 마음, 시원하게 박차고 벗어나고 싶은 마음이 똑같다고 했다. 내담자가 느끼는 집안 분위기에 대한 심정은 어린 시절엔 하늘로 시원하게 올라가버리고 싶은 심정이었고, 성인이 되어서는 괴물 떼들로부터 도망쳐버리고 싶은 심정이었다.

● 여전히 쫓기는 꿈이지만,
　상담 중 그 내용이 달라진 사례

상담이 진행되면서 내담자는 괴물들과 싸우는 꿈이지만, 특이한 사건이 하나 더 첨가된 다른 내용의 꿈을 보고했다.

•꿈3•
나는 〈어린왕자〉에 나오는,

장미꽃을 덮어둔 것과 같은 유리관 속에 서 있다.

내 주위를 수백의 괴물 떼들이 장악하고,

나는 총 같은 무기를 들고 열심히 싸운다.

수백의 괴물 떼들과 싸우다 도망치다,

싸우다 도망치기를 반복하는데 종착역이 관 속이다.

거기까지 괴물들이 따라온 것이다. 훤히 보이는 유리관이지만,

그래도 이곳에서 안도가 느껴진다.

괴물들이 총으로 계속 나를 쏘면서 공격한다.

나도 계속 관 속에서 총을 쏘며 싸운다.

'아, 끝났다'는 생각이 든다. 이젠 도망갈 곳도 없다.

끝까지 죽지 않고, 마지막 힘을 다해 총을 쏘고 있다.

위에서 괴물들이 날 내려다보면서 공격하고 있어,

나도 총을 쏘기도 하고 내가 총알에 맞기도 한다.

내가 죽어가지만, 안 죽고 버틴다.

죽을 것 같은 위협을 느끼며 잠을 깼다.

내담자는 이 꿈이 살아오면서 겪은 아버지와 어머니의 역할에 대한 것이라고 했다. 아버지로 인해 형성되는 집안 분위기에서 벗어나고 싶어도 벗어나지 못하지만, 그래도 엄마가 자신의 심리적인 방패 역할을 한 것으로 생각했다. 상담이 진행되면서 엄마의 역할은 결코 완전한 방패 역할이 아닌, 유리관 방패의 역할을 했다는 것을 알게 되

었다고 말했다. 비록 어느 정도 안도를 느꼈지만, 엄마가 결코 자기를 온전히 보호해주지 못했다는 것을 상담에서 인식한 후에 이 꿈을 꾸었다고 보고했다.

이 꿈을 보고한 후, 1개월 후에 내담자는 다음과 같은 꿈을 보고했다. 여전히 쫓기는 꿈이지만, 내용은 완전히 달라져 있다.

· 꿈 4 ·

아파트의 엘리베이터를 탔는데 4, 5명이 충수를 누른다.

그때 경비아저씨가 기계실로 내려가는 게 보인다.

분위기가 이상하다. 이 아저씨가 엘리베이터를 고장 낼 것 같다.

엘리베이터가 서야 할 곳이 아닌 엉뚱한 곳에서 선다.

엘리베이터가 열리는 순간, 내가 제일 먼저 도망 나온다.

나가서 보니, 내 딴엔 비상계단으로 내려간 것인데

철근 구조물이 있다. 크고 높다.

어릴 때 운동장에 있던 정글짐 같다. 그걸 타고 도망간다.

다른 사람도 그걸 타고 도망간다. 쫓아오는 한 사람이 있다.

경비아저씨 같기도 하고, 아닌 것 같기도 한데 남자이다.

중간 중간 두세 번 잡힐 것 같았지만, 안 잡힌다.

그 사람은 나를 따라오지 못한다.

나중엔 그 사람이 경찰 같은 사람한테 체포된다.

경찰이 "당신, 그러면 안 되지 않냐?" 하니,

"맞다. 내가 잘못했다"고 순순히 답한다.

이 꿈을 다루면서 내담자는 쫓아오는 대상이 예전엔 귀신들, 괴물들이었으나 이젠 사람으로 변한 것을 보고하면서 신기해 했다. 그것도 순한 양같이 힘이 약해졌고, 경찰에게 잡히기까지 했다. 과거엔 추적자들에게 압도당했는데, 이번엔 쫓아와도 그다지 위협을 느끼지 않았다고 했다. 가족에 대한 부담감, 아버지에 대한 감정, 집안 분위기에 압도당하는 것에서 거의 벗어났다는 사실을 의미하는 것 같다고 했다.

이 꿈을 좀 더 구체적으로 이해하기 위해, 내담자에게 '엘리베이터'는 어떤 의미인지 물어보았다. 그랬더니 "목적지로 가기 위해 임시로 머무는 곳"이라고 대답했다. 가정도 내담자에겐 '벗어날 때까지 임시로 있는 곳'이라고 했다. 엘리베이터 속에 있는 4, 5명 사람들은 엄마와 동생들과 내담자를, 그리고 경비아저씨는 아버지를 의미한다. 그 엘리베이터는 경비아저씨가 기계실로 가서 어떻게 하느냐에 따라 움직이듯이, 내담자의 집안 분위기는 아버지의 심리적인 상태에 따라 좌지우지된다. 아버지의 분위기가 이상하다 싶을 때, 아니나 다를까, 아버지의 화가 폭발하던 것이 경비아저씨가 엘리베이터를 고장낼 것 같다 싶을 때 엘리베이터가 엉뚱한 곳에서 선 것으로 꿈에서는 표현되었다.

내담자는 취업을 하고 나서 물리적으로는 가족 중에 제일 먼저 가정을 떠나서 살았다. 이것이 꿈속에 제일 먼저 엘리베이터에서 내린 것으로 나타났다. 그러나 완전히 그곳에서 벗어난 것이 아니다. 내담자는 나름대로 비상계단을 통해 완전히 밖으로 나왔다고 생각했지만, 여전히 장애물이 있고 계속 쫓긴다. 그러나 예전처럼 괴물들이 떼거리로 몰려오지는 않는다. 쫓아오는 사람은 작은 키에 대머리를 한 코믹한 느낌의 사람(탤런트 중 한 사람)이라고 했는데, 내담자의 아버지도 배가 나오고 통통하고 거의 대머리라고 하면서 아버지가 연상된다고 했다.

여기서 주목할 점은 내담자는 이 꿈을 꾼 후로 더 이상 쫓기는 꿈을 꾸지 않는다고 했다. 물리적으로뿐만 아니라, 심리적으로도 가족 때문에 부담스럽고 답답하고 감정적으로 묶여 있던 상황에서 벗어났다고 말했다. 뿐만 아니라, 부자연스럽고 두려웠던 다른 사람들과의 인간관계도 많이 편해졌다면서 즐거워했다.

여기까지 자신의 심리 상태와 삶의 모습을 보여주는 꿈을 마지막으로, 꿈 사례를 통한 꿈의 역할에 대해 살펴보았다.

사람들이 일상적으로 꾸고 기억하는 대부분의 꿈이 이 장에서 다루는 종류의 꿈이라고 생각하면 될 것이다. 가장 흔한 꿈이라고 해서 자칫 가치가 없는 꿈이라고 생각할 수도 있겠으나, 결코 그렇지 않다.

이런 일반적인 꿈은 무엇보다도 상담이나 심리치료에서 중요한 소재로 사용된다. 내담자에게 있는 문제의 원인과 그것을 이해하는데 필요한 여러 가지 유익한 자료를 제공해준다. 같은 맥락에서 이러한 꿈들은 인격적 성숙, 정신적 건강을 추구하는 사람들에게 자기 자신을 깊이 이해하도록 도와주는 매우 유용한 수단이다.

Part 10
성숙한 삶을 위해
꿈을 읽다

How To Read A DREAM

꿈이 우리에게 주는
여러 가지 선물

◆◈◆◈◆

　사람의 한평생 삶을 요약해서 '꿈'이라는 단어로 표현한다면, '사람은 꿈속에서 태어나, 꿈을 먹고 자라면서, 꿈을 이루기 위해 살다가, 꿈속에서 죽어간다'고 할 수 있다. 잉태와 함께 태몽으로 자기를 알리고, 꿈으로 표현되는 희망을 안고 살아가며, 사는 동안 매일 밤 꿈을 꾸고, 잠에 들어 꿈을 꾸는 것처럼 죽어가는 것이 인간의 삶이라고 할 수 있기 때문이다.

　이렇게 인간은 꿈과 더불어 살아가고 있다. 하지만 아직도 대부분의 사람들은 꿈의 소중함을 제대로 인식하지 못한다. 그리고 꿈이 가져다주는 유익한 점을 제대로 활용하지도 않는다. 그 결과, 한 사람의 삶을 바꾸어 놓기까지 할 수 있는 소중한 꿈들이 아무런 관심도 받지 못한 채 기억의 저편으로 사라지고 있다.

비록 많은 꿈들이 의식에 떠올려지지도 못한 채, 또 의식되었다 하더라도 그 의미 탐색이 이루어지지 않은 채 사라지고 있지만, 꿈을 꾸는 것 자체만 해도 인간에게 매우 유익한 일이다. 꿈을 통해 인간은 낮 동안 받아들인 정보들 가운데 불필요한 것들은 버리고, 필요한 것들은 기존의 정보와 통합시키거나 결합시키는 작업을 하기 때문이다.[62]

꿈의 역할과 관련하여 가장 흔히 경험하는 것은 꿈을 통한 정서의 해소이다. 꿈을 비교적 잘 기억하는 사람은 말할 것도 없고, 거의 기억하지 못하는 사람조차도 꿈을 꾸고 정서가 심히 동요된 상태로 잠에서 깨어나는 경험을 한다. 꿈의 내용은 전혀 기억이 나지 않지만, 꿈으로 인해 가슴이 두근거리고 어떤 경우에는 식은땀이 흐르기도 한다.

이런 현상은 낮 동안 경험했던 사건이 격심한 정서를 불러일으켰거나, 과거에 입었던 정서적 상처가 건드려졌을 때 경험하는 현상이다. 이는 사건 당시에는 제대로 인식하지 못했거나 억압해 두었던 정서가, 잠이 들어 의식적인 통제가 느슨해진 틈을 타고 올라왔기 때문이다. 필자들의 경험에 의하면, 부정적인 정서가 크게 동요된 사건을 경험하면 그날 밤에 꿈을 꾸는 것이 아니라 며칠 지난 다음에 꿈을 꾸곤 한다. 앞에서 언급했듯이 강렬한 정서를 어느 정도 감당할 능력

---

62 Hartmann, E. (1998). Dreams and Nightmares: The Origin and Meaning of Dreams. Cambridge, Massachusetts: Perseus Publishing. 138.

이 생기면서 꿈을 통해 부정적인 정서가 표현되고, 더불어 해소된다는 것을 알 수 있다.

● 꿈을 적극적으로
활용해야 하는 이유

꿈을 꾸는 행위 자체가 삶을 위해 유용한 것이긴 하다. 하지만 꾼 꿈을 기억했다가 그 꿈을 가지고 작업을 하면 더 큰 유익한 도움을 얻는다. 이때는 단순히 의식하지 못하는 사이에 이루어지는 정보의 처리나 정서의 해소 차원에서 머물지 않고, 더 나아가 의식적으로 꿈을 활용하기 때문이다. 즉 꿈의 형상에 대해 생각을 하고 그 의미를 탐색하는 가운데, 처리하지 못한 정보를 결합시킬 수 있다. 그리고 자신에 대한 통찰을 얻을 수 있다. 또 때때로는 중요한 문제에 대한 해결책을 얻을 수도 있다.[63]

특히 꿈꾼 사람이 심리치료나 상담을 받고 있는 경우라면 꿈의 활용도는 더욱 높아진다. 꿈꾼 사람은 꿈의 형상이 지닌 의미와 정서를 탐색하기 위해 떠올린 여러 가지 자료들을 중심으로 상담자와 대화를 한다. 이 과정은 내담자가 자신의 정서와 사고와 행동 양식, 그리

---

63 Hartmann, E. (1998). 139.

고 자신의 대인관계 양식 등을 새롭게 이해할 수 있는 계기를 만들어준다. 더 나아가 효과적인 치료가 가능하도록 도와준다. 이런 까닭으로 심리치료에서는 꿈을 중요하게 다룬다.

상담을 받는 중이든, 그렇지 않든, 꿈을 소중하게 여겨 꿈의 의미를 탐색하면 꿈에 나오는 내용 가운데 어느 것 하나 버릴 것이 없다는 것을 알 수 있다. 꿈을 꾸고 났을 때에는 아무 의미 없는 것처럼 보이던 꿈의 형상들이 퍼즐 조각처럼 자기 자리를 차지하면서 전체적인 꿈의 의미가 드러난다.

이와 같이 꿈의 의미를 이해하는 일은 지금까지 알지 못했던 자신의 모습에 대한 새로운 통찰로 연결되는 경우가 많다. 이는 꿈이란 꿈꾼 사람의 내면에서 일어나고 있는 심리 현상을 반영하기 때문에 따라오는 자연스런 결과이다. 이런 통찰과 자기 이해는 궁극적으로 성숙을 향한 행동의 변화로 이어진다. 이것이 꿈을 적절하게 활용해야 하는 가장 중요한 이유이다.

꿈의 해석이
제대로 이루어지는지
알 수 있는 방법

◆⟩⟨◆⟩⟨◆

성숙한 인간으로 살아가는 것은 이 지상에 태어난 모든 인간들이 부여받은 지상 최대의 과업이다. 심리적 차원에서 성숙하게 된다는 것은, 어린 시절부터 습관적으로 해오던 몸에 밴 역할과 유아적 성격에서 벗어나는 변화를 의미한다. 그러므로 우리 몸에 배어 있으면서 우리를 움직여 가고 있는 무의식적 세력에서 어떻게 벗어나는가 하는 것이 성숙한 삶을 위해 중요한 과제가 된다. 이런 유아적 행동양식을 이해하고 벗어나는 작업을 하는데 꿈이 중요한 역할을 한다.

그렇다면 꿈이 어떻게 우리를 과거에 형성된 감정 양식, 나를 둘러싼 환경에 대한 이해, 대인관계와 행동 양식에서 벗어나도록 도와주는가를 생각해볼 필요가 있다. 먼저 꿈은 인간이 가지고 있는 자동적 자기 성찰 기능을 한다. 만물의 영장인 인간은 자신을 돌아볼 수 있는 능력이 있으며, 많은 사람들은 주로 지적인 성찰을 통해서 자신을 돌아본다.

그렇지만 지적인 자기성찰만으로는 문제의 원인을 심리적으로 접근하여 근원적으로 해결할 수 있는 길을 제시해주지 못하는 경우가 많다. 지적 사고만으로는 그 사고를 움직이고 행동의 배후에 숨어 있는 무의식적인 정서 세력을 인식할 수 없기 때문이다.

이에 반해, 꿈은 인간의 일상적인 사고가 작동을 멈춘 상태에서 더 근원적인 심층의식이 작용하여 사고가 인지하지 못하는 무의식적 정서 작용을 그대로 보여준다. 잠을 자는 동안 인간은 꿈을 통해서 낮에 받아들인 각종 정보와 몸에서 일어난 다양한 정서적 반응을 정리하는 일을 한다. 이런 기능을 수행하는 꿈은 우리를 지배하고 있는 왜곡된 사고 체계나, 정서의 콤플렉스로부터 벗어날 수 있도록 돕는 유용한 도구이다.

일반적으로 꿈은 낮 동안 겪은 사건이 불러일으킨 정서 가운데, 제대로 처리되지 못하고 남아 있는 정서를 다시금 느끼도록 하여 해소하는 카타르시스 작업을 한다. 그러나 단순한 정서 순화만으로는 한 사람의 무의식을 지배하는 정서의 콤플렉스를 근원적으로 해결할 수 없다. 우리 속에 내재되어 문제를 야기하는 심리적 콤플렉스를 근원적으로 해결하기 위해서는 다음과 같은 과정이 필요하다. 즉, 그 문제의 원인이 되는 과거의 사건이나 정황을 탐색하여, 인지적 이해와 더불어 정서적으로 다시금 경험하는 것이다. 이와 같은 방식으로 내재

된 정서의 콤플렉스를 해결하는 방법을 '교정적 정서 경험(Corrective Emotional Experience)'이라고 부른다.

여러 가지 이유로 억압해버린 과거의 정서 에너지는 내면에서 콤플렉스를 형성한다. 그리하여 그 사람의 사고 작용, 정서 반응, 그리고 행동 양식을 지배한다. 이렇게 형성된 콤플렉스에서 벗어나기 위해서는 과거 사건을 떠올려, 그 사건에 수반된 정서를 현재에서 선명하게 인식하고 느낄 수 있어야 한다. 나아가 공감적이고 수용적인 분위기에서 그 정서를 적절하게 표현하면서 해소할 수 있어야 한다. 또한 이제는 내가 과거와는 다르게 반응할 수 있다는 것을 인정할 수 있어야 한다. 이렇게 할 때 과거 사건으로 인해 형성된 부정적인 영향에서 벗어나게 된다.

● 우리 안에 미해결 과제로 남아 있는
   정서적 콤플렉스

꿈 해석이 중요한 이유는 꿈 해석을 통해서 우리를 지배하는 정서 작용을 이해할 수 있고, 꿈에서 표현된 정서를 잠이 깬 상태에서 새롭게 경험하여 문제가 된 정서적 콤플렉스를 선명하게 인식할 수 있기 때문이다. 뿐만 아니라, 꿈 해석 과정은 그 정서적 콤플렉스를 나의 한 부분으로 통합할 수 있는 계기로 작용하여, 과거 정서를 교정적으로 경험하는 일이 자연스럽게 일어난다.

꿈의 해석을 통해 교정적 정서 체험을 하고, 나아가 한 인간으로 성숙하기 위해서는 당연히 꿈의 해석이 적절하게 이루어져야 한다. 이와 관련하여 꿈 해석 작업이 제대로 이루어지는지, 그렇지 못한지를 알 수 있는 방법에 관해 언급할 필요가 있다.

그 가운데 하나는 내가 꾸는 꿈의 내용이 본질적으로 달라지는가, 그렇지 않으면 계속적으로 같은 주제의 꿈을 반복해서 꾸는가를 살펴보는 것이다. 꿈 해석이 제대로 되는 경우 같은 주제로 꿈을 꾸더라도 그 강도, 분위기, 꿈속에서 내가 하는 행동과 정서가 달라지는 것을 볼 수 있다. 여전히 같은 주제의 꿈이, 같은 분위기에서, 같은 강도로, 같은 정서로 반복적으로 나타난다면, 꿈 해석을 통한 자기성찰이 제대로 이루어지지 않고 있다는 증거이다.

꿈 작업이 제대로 이루어지면 우리 안에 미해결 과제로 남아 있는 정서적 콤플렉스가 새롭게 올라오는 것을 느낀다. 이 꿈을 제대로 해석하고, 그 과정에서 꿈이 야기하는 정서를 새롭게 경험하고 수용함으로써, 우리는 우리 내면의 심층으로 한 걸음씩 들어간다. 이것은 우리가 스스로 소외시켰던 우리 자신을 만나 화해하고 통합하는 일이다. 물론, 꿈 해석을 통해서만 이 작업을 할 수 있는 것은 아니다. 하지만 꿈이 이를 위한 효과적인 도구 중의 하나라는 사실에 대해서는 아무도 부인하지 못할 것이다.

땜장이 채프맨의
꿈 이야기가 주는
교훈

◆◈◆◈◆

　꿈에 대한 생각은 사람마다 다르다. 꿈을 소중하게 여기고, 그 의미를 통해 도움을 얻기 위해 노력할 것인지, 그렇지 않으면 아무런 의미가 없는 것으로 무시해버릴 것인지는 각자가 결정할 몫이다. 꿈에 대한 사람들의 이런 생각을 알고, 꿈을 어떻게 대해야 할 것인지를 결정하도록 촉구하는 유명한 꿈에 관한 이야기가 서양에 전해 내려온다.

　이 이야기는 너무나 유명하여 서구의 여러 나라에서 이 꿈 내용을 자기 나라 판으로 각각 만들어 꿈에 대한 교훈으로 삼고 있다. 그런데 여기서는 영국에서 전해지고 있는 내용을 소개하고자 한다. 이 꿈은 실제로 꾼 꿈이라기보다는, 꿈의 중요성을 강조하기 위해 꾸며낸 민

간 이야기라고 보는 학자들도 있다.[64]

이야기의 주인공은 영국의 스와팸에 살고 있던 땜장이 존 채프맨이다. 어느 날, 그는 꿈에서 누군가가 다음과 같은 지시를 하는 것을 들었다.

"당신이 런던으로 가서 런던 다리 위의 어떤 지점에 서 있으면,
한 사람을 만나게 될 것이다.
그 사람은 당신의 장래에 관해 아주 중요한 것을 알려줄 것이다."

꿈에서 깨어난 땜장이 채프맨은 꿈의 지시대로 런던으로 가려고 했다. 하지만 그의 아내가 "꿈을 믿다니…… 그런 어리석은 짓을 하지 마라"고 저지하는 바람에 가기를 포기했다. 그러나 그 후 이틀을 연속해서 같은 꿈을 꾸자, 그는 아내가 조롱하든 말든 상관하지 않고 런던으로 떠나기로 결심했다.

런던에 도착한 그는 꿈에서 지시받은 런던 다리 위의 그 장소에서 사흘 동안 서 있었다. 하지만 마지막 날이 되도록 아무도 나타나지 않자, 꿈에 대한 확신이 사그라져 갔다. 실망을 하고 돌아서려는 바로 그때, 낯선 사람이 다가와서 왜 그렇게 오랫동안 같은 장소에 서 있느냐고 물었다. 땜장이는 자신이 어디서 왔다는 사실은 숨긴 채, 꿈 이

---

64 이하의 내용은 Van de Castle, R. L. (1994). 21-22쪽을 참조하여 재구성한 것임.

야기를 들려주었다.

　그러자 그 낯선 사람은 넉넉한 미소를 지으면서, 꿈 따위는 잊어버리고 집으로 돌아가라고 조언을 했다. 그러면서 꿈이 얼마나 허황된 것인지를 강조하기 위해 자신이 최근에 꾼 꿈 이야기를 들려주었다. 누군가 다음과 같이 지신에게 지시했다는 것이다.

"만일 당신이 스와팸이라는 마을에 가서,
마을의 북쪽에 위치한 어느 정원에 있는 사과나무 밑을 파면
돈이 들어 있는 상자를 발견할 것이다."

　그 이야기를 듣고 너무 놀란 땜장이는 아무 말 없이 집으로 돌아왔다. 낯선 사람이 꿈에 보았다고 하는 장소를 찾아가서 땅을 파기 시작했다. 얼마쯤 파고들어 가자, 삽 끝에 금속성 물질이 부딪히는 소리가 들렸다. 흙을 헤치고 보니, 철제 상자가 묻혀 있었다. 집으로 가지고 와서 상자를 열어보니, 그 안에는 돈이 가득 들어 있었다.

　마침 상자 뚜껑에는 라틴어로 된 글자가 새겨져 있어서, 인근에 있는 학생을 불러 해석해 달라고 했다. 그 내용은 다음과 같았다.

　"내 밑에는 나보다 더 큰 것이 놓여 있다."

　그 말대로 땜장이는 파던 구덩이를 더 파고 들어가자, 이번에는 처음 상자보다 더 큰 상자가 나왔다. 그리고 그 안에는 금화와 은화가 가득 들어 있었다.

여기서 땜장이 존 채프맨이 이 꿈을 꾸었는지, 아닌지 그 사실 여부가 중요한 것은 아니다. 설혹 사실이 아니라고 하더라도, 실제로 이런 꿈을 꿀 수 있는 가능성이 전혀 없다고 할 수 없기 때문이다. 중요한 것은 이 이야기가 들려주는 꿈에 대한 교훈을 받아들이고, 그것을 자신의 삶에 적용하느냐의 여부이다.

이 이야기가 주는 교훈 중의 하나는 꿈은 결코 허황된 것이 아니라는 것이다. 꿈을 소중히 여겨 제대로 이해하는 사람의 삶을 풍요롭게 한다는 사실이다. 땜장이 채프맨이 꿈을 통해 알아낸 지시대로 땅속을 파고들어 가서 보화를 발견하고, 더 깊은 곳에서 더 많은 보화를 찾아냈다는 것은 꿈을 통해 자신 안에 있는 보화를 발견하여 풍요로운 삶을 살았다는 의미로 받아들일 수 있다. 정신분석 이론을 통해 잘 알려진 대로 꿈은 인간의 무의식으로 표현되는 내면의 깊은 세계로 들어가는 가장 중요한 통로의 하나이다. 자신의 꿈을 이해하려고 노력하면 할수록 더욱 더 자신을 잘 이해하게 된다. 그로 인해 그 사람의 삶이 풍요롭게 된다. 실제로 자신의 꿈을 소중하게 여겨 그 의미를 생각하며 살아가는 많은 사람들은 하나같이 이런 고백을 한다.

꿈을 어떻게 취급할 것인지는 이제 각자 결정해야 하는 몫으로 남았다. 꿈을 소중하게 여기는 것은 곧 자신과 자신의 삶을 소중하게 여기는 일이다. 꿈은 그것을 소중하게 여기는 사람을 결코 실망시키지 않을 것이다. 그리고 꿈꾼 사람이 풍성한 삶을 살도록 충실히 도울 것이다. 〈끝〉

꿈을 읽다

초 판 1쇄 발행 | 2017년 12월 15일
초 판 2쇄 발행 | 2018년 10월 02일

지은이 | 김정희, 이호형
펴낸이 | 조선우 • 펴낸곳 | 책읽는귀족

등록 | 2012년 2월 17일 제396-2012-000041호
주소 | 경기도 고양시 일산서구 대산로 123, 현대프라자 342호(주엽동, K일산비즈니스센터)

전화 | 031-944-6907 • 팩스 | 031-944-6908
홈페이지 | www.noblewithbooks.com
E-mail | idea444@naver.com

출판 기획 | 조선우 • 책임 편집 | 조선우
표지 & 본문 디자인 | twoesdesign

값 15,000원
ISBN 978-89-97863-82-2 (03180)

● ● ●

이 도서의 국립중앙도서관 출판예정도서목록(CIP)은
서지정보유통지원시스템 홈페이지(http://seoji.nl.go.kr)와
국가자료공동목록시스템(http://www.nl.go.kr/kolisnet)에서
이용하실 수 있습니다.(CIP제어번호: CIP2017030838)